Jordina Casademunt

Tratamiento natural
para combatir la
celulitis

Jordina Casademunt

Tratamiento natural para combatir la celulitis

- DESCUBRE SUS VERDADERAS CAUSAS
- LOS ALIMENTOS «QUEMADORES DE GRASA» MÁS SABROSOS Y EFICACES
- EJERCICIOS MUY FÁCILES
- PLANTAS MEDICINALES Y OTROS TRATAMIENTOS
- EL CUIDADO DE BARRIGA, PIERNAS Y NALGAS

OCEANO AMBAR

TRATAMIENTO NATURAL PARA COMBATIR LA CELULITIS

Fotografías: JORDI GARCÍA - PHOTOWORKS, BECKY LAWTON, STOCK PHOTOS, AGE, ARCHIVO OCÉANO ÁMBAR
Modelos: NATHALIE LEGOSLES, EMILIE RAIDELET
Edición: ESTHER SANZ, MÒNICA CAMPOS
Dirección de arte: MONTSE VILARNAU
Edición digital: JOSE GONZÁLEZ

© 2005, Editorial OCEANO, S.L.
GRUPO OCÉANO - Milanesat 21-23 – 08017 Barcelona
Tel: 93 280 20 20 – Fax: 93 203 17 91
www.oceano.com

ISBN: 84-7556-331-7 — Depósito legal: B-6597-XLVIII
Impreso en España - Printed in Spain
9001523020205

A Lídia, Clara, Anna, Esther, Gal.la, Laia, Mireia e Imma y, en general, a todas las mujeres que miman su cuerpo y se interesan por su salud, belleza y bienestar.

AGRADECEMOS LA COLABORACIÓN Y LAS FACILIDADES DE:

Esportíssim. www.esportissim.com (Marc Queraltó); Gustau Raluy, Gimnasios Európolis (Albert Flores), Gimnasio Aqua Go de Badalona, Otomodels, y a todas las empresas de cosmética cuyos productos seleccionados por la autora salen a lo largo de este libro.

Índice

Introducción

Olvidarse para siempre de la molesta
celulitis no sólo es posible, sino que
puede convertirse en una «excusa»
para conocerte mejor y aprender a
cuidarte de la forma más natural.

A la mayoría de las mujeres que sufren celulitis (término acuñado cuando se pensaba que se trataba de una inflamación cutánea) sólo les preocupa su apariencia antiestética, la famosa «piel de naranja», que suele apreciarse en muslos, piernas, nalgas y barriga.

En este libro hacemos especial hincapié en las partes del cuerpo donde más se nota y proponemos ejercicios fáciles para mejorar el aspecto de las zonas del cuerpo (piernas, barriga y nalgas) más sensibles a la celulitis.

Sin embargo, aunque la apariencia y la tersura de la piel sean una cuestión importante, es necesario profundizar en las causas que originan la celulitis y en cómo afecta a la salud y al equilibrio físico y psíquico, ya que existen diferencias de tipo y grado, en algunos casos grave, que es menester tratar correctamente.

Además de información sobre las técnicas convencionales utilizadas habitualmente para atacar la celulitis (ejercicios, tratamientos, mejora de la alimentación), aquí encontrarás métodos naturales que no sólo la combaten, sino que se enmarcan dentro de un programa completo para mejorar la salud y la calidad de vida.

No encontrarás la «receta» milagrosa, sino algo infinitamente mejor: el bienestar interno reflejado en tu piel. Ambos están absolutamente interrelacionados. Lo uno va con lo otro.

Proponemos también una actitud mental positiva. La idea de que salud y belleza son sinónimos de sacrificio está caduca; aquello de que «para presumir hay que sufrir» ha pasado a la historia, como podrás comprobar en las páginas que siguen.

Se trata de alimentarse correctamente disfrutando a la vez de una comida sabrosa; de darse baños o masajes relajantes; de disfrutar con el ejercicio o el deporte al aire libre, y de utilizar la extensa «farmacia» que la naturaleza ha puesto a nuestro alcance.

Combatir la celulitis con éxito puede ser algo placentero que, además de devolver la tersura a tu piel, contribuirá a aumentar tu autoestima y bienestar.

Los métodos
naturales te
proporcionan un
bienestar interno
que se verá
reflejado en tu piel.

¿Qué es la celulitis?

La celulitis es una acumulación de grasa, agua y toxinas debida a múltiples factores. Conocer qué nos ha llevado a padecerla es el primer paso para eliminarla.

Cómo se produce la celulitis

Resulta paradójico empezar aclarando que el término «celulitis» está completamente desfasado. La palabra «celulitis» significa 'inflamación de las células' y se asignó a esta afección porque se creía que estaba causada por una inflamación del tejido celular subcutáneo, entre los músculos y la piel.

Actualmente, aunque esta palabra sigue utilizándose en todo el mundo, se sabe con seguridad que no se trata de una inflamación, sino más bien de un exceso de agua, grasa y toxinas localizado en determinadas partes del cuerpo.

Los científicos han comprobado que la celulitis se produce cuando hay una acumulación de grasas originada por un desequilibrio entre

Etapas clave

La celulitis puede empezar a desarrollarse durante la **pubertad** (entre los 11 y 14 años), justamente cuando los ovarios comienzan a producir estrógenos, las hormonas que confieren las características sexuales femeninas adultas y la capacidad para tener hijos.

En esta etapa el tejido conjuntivo se altera: la secreción de estrógenos produce una capa uniforme de tejido graso subcutáneo y una tendencia a la concentración del tejido adiposo (grasa) en caderas, nalgas y muslos, y ambos factores son el caldo de cultivo perfecto para la aparición de la celulitis.

Además de la pubertad, hay otros dos períodos clave en la vida de una mujer en los que existen claros desequilibrios hormonales: el **embarazo** y la **menopausia**, momentos en los que la celulitis tiende a aumentar.

Estructura interna

piel

grasa subcutánea

grasa superficial de reserva

grasa profunda de reserva

músculo

su almacenamiento y destrucción. Ésta queda aprisionada en una trama constituida por fibras de colágeno, que afecta a la circulación sanguínea y linfática. Es cuando aparece un relieve acolchado denominado «piel de naranja».

Por otra parte, aunque celulitis y kilos de más suelen ir relacionados, la indeseable piel de naranja afecta al 95 % de las mujeres, ya estén gordas o delgadas, e incluso a muchas que practican deporte con asiduidad.

No obstante, cualquier mujer que padezca celulitis encontrará en estas páginas información, recursos y tratamientos para aligerar la excesiva acumulación, que no inflamación, de materia grasa, toxinas y agua, y mejorar así el aspecto de su piel.

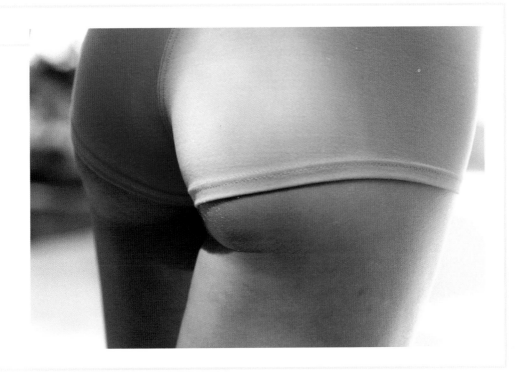

Un problema femenino

Probablemente te has preguntado más de una vez por qué los hombres no tienen celulitis, mientras que tantas mujeres en todo el mundo, de cualquier edad y condición, la padecen.

Las cifras son casi ofensivas para el género femenino: ¡un 98 % de mujeres afectadas frente a un 2 % de hombres! O, mirado de otra manera, una de cada dos mujeres tiene piel de naranja, frente a un hombre de cada cincuenta. ¿Se trata de un complot machista a nivel planetario? No, esas desproporcionadas cifras no tienen nada que ver con el machis-

mo. Las verdaderas causas hay que buscarlas en las diferencias fisiológicas y hormonales entre el cuerpo femenino y el masculino. Y en primer lugar hay que hablar del tejido conjuntivo, verdadero campo de batalla donde la celulitis extiende sus efectos.

Aunque la función del tejido conjuntivo es la misma en hombres y mujeres, las características para cada sexo son distintas. Para empezar, el de las mujeres es más blando y elástico porque está preparado para dilatarse más fácilmente en caso de quedar embarazada y dar a luz.

El cuerpo femenino está preparado para tener hijos. Durante la pubertad y el embarazo, gracias a las hormonas, la capacidad

15

Las características fisiológicas y hormonales del cuerpo femenino le predisponen a la celulitis.

de expansión del tejido conjuntivo aumenta y adquiere mayor flexibilidad, sobre todo en algunas zonas clave, como las nalgas, los glúteos y el busto. Esta misma flexibilidad es la que predispone el desarrollo de la celulitis.

Por otra parte, las fibras elásticas que componen el tejido conjuntivo tienen también una disposición y estructura diferentes. Las fibras del cuerpo femenino están dispuestas de forma paralela, por lo que las células grasas pueden deslizarse fácilmente entre ellas. Las del cuerpo masculino, en cambio, son de es-

tructura reticular, por lo que ese deslizamiento se hace mucho más difícil.

Por último hay que hablar de las células adiposas, distintas también en hombres y mujeres. Las femeninas son esféricas, por lo que presionan hacia arriba, es decir, hacia la piel. Las masculinas, en cambio, son planas, lo que hace que tiendan a extenderse horizontalmente.

Sin embargo, porque tu cuerpo y tus hormonas son como son (precisamente porque puedes dar vida), no tienes que resignarte a padecer celulitis.

¿Celulitis, flacidez o estrías?

Para tratar la celulitis lo primero que debemos hacer es distinguirla de la flacidez y las estrías. Podemos comprobarlo estirando la piel. Si al hacerlo desaparecen los hoyuelos es flacidez, en cambio, si no se van es celulitis.

La flacidez es uno de los primeros signos del paso del tiempo (sobre todo si no se practica ejercicio) y se percibe claramente cuando las nalgas y la cara interna de los muslos pierden densidad y elasticidad. Para mantener estas zonas firmes son necesarias dos cosas: conseguir que la piel se mantenga elástica y trabajar bien los músculos. Más adelante encontrarás ejercicios y dietas que te ayudarán a conseguirlo.

Diez preguntas básicas para saber si padeces celulitis

1) ¿Sientes ciertas partes de tu cuerpo «acolchadas» y con demasiadas redondeces?

2) ¿Si aprietas con dos dedos la piel de muslos, nalgas, barriga o parte superior de los brazos, ésta presenta un aspecto granuloso?

3) ¿Si calculas tu IMC (Índice de Masa Muscular), el resultado es superior a 25? (*)

(*) El IMC es la medida más utilizada para saber si presentas normopeso, sobrepeso u obesidad. Este método es reconocido como el cálculo de referencia internacional. Está basado en la relación Peso (kg)/Talla (m)^2. Así pues:

Clasificación según la OMS	IMC
Bajo peso	<18,5
Peso Normal	18,5-24,9
Sobrepeso	25-29,9
Obesidad Tipo I	30-34,9
Obesidad Tipo II	35-39,9
Obesidad Tipo III	>40

4) ¿Has experimentado a lo largo de tu vida cambios drásticos de peso?

5) ¿Tomas muchos dulces y poca fruta y verdura?

6) ¿Te alimentas a menudo de productos precocinados o congelados?

7) ¿Fumas y bebes alcohol a menudo?

8) ¿Tomas la píldora anticonceptiva?

9) ¿Practicas poco deporte y llevas una vida sedentaria?

10) ¿Te gusta llevar pantalones ajustados o zapatos de tacón?

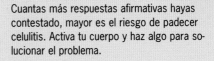

Cuantas más respuestas afirmativas hayas contestado, mayor es el riesgo de padecer celulitis. Activa tu cuerpo y haz algo para solucionar el problema.

Desencadenantes y agravantes

Puede que tengas celulitis y tu madre no, aunque hagas ejercicio con regularidad, no estés gorda ni comas en exceso. Ya hemos comentado antes que el 98 % de las mujeres la padece y que se trata de una acumulación de agua, grasas y toxinas en el tejido subcutáneo. Aun así te preguntarás por qué tus muslos y nalgas tienen ese aspecto de piel de naranja y qué puedes hacer para mejorar su apariencia.

Para ello es necesario hablar de dos factores de carácter muy distinto que influyen en la formación de la celulitis: los llamados «desencadenantes», que determinan las zonas del cuerpo en las que aparece (muslos, nalgas y barriga, sobre todo) y los «agravantes», que provocan que se extienda en mayor o menor medida.

Por otro lado, como en otras muchas alteraciones del organismo, son varias las causas que conducen a la aparición de la piel de naranja. Tener en cuenta una sola de ellas es un error. Ninguna mujer tiene celulitis sólo por tener sobrepeso o por llevar una vida demasiado sedentaria.

Entre los factores desencadenantes juega un papel fundamental la herencia genética. Como los problemas circulatorios, la celulitis también se hereda. El código genético determina el número de adipocitos (células grasas) y los lugares en los que éstos se localizarán. Sin embargo, la cantidad de adipocitos que se desarrollarán se debe en gran parte al tipo de alimentación recibido durante la infancia y la adolescencia.

Las estrías se producen porque la piel pierde elasticidad a causa de la alteración de las fibras elásticas y del colágeno del tejido conjuntivo. Entonces su resistencia disminuye y la piel se desgarra. Las estrías pueden producirse por varias razones: cambios bruscos de peso, práctica excesiva de ejercicio físico, cambios hormonales o distensión de la piel durante el embarazo. Una buena manera de evitarlas es procurando no adelgazar bruscamente y aplicando regularmente cremas, geles o aceites (los aceites vegetales de rosa mosqueta y de macadamia son muy efectivos).

En cuanto a los factores agravantes de la celulitis, los principales son las alteraciones de las hormonas, la falta de ejercicio, la alimentación inadecuada, el sobrepeso, las malas posturas, el estreñimiento, la diabetes y el estrés. Veámoslos con más detalle.

Hormonas descontroladas

Las glándulas que producen hormonas son la hipófisis, las epiteliales, la tiroides, las suprarrenales, las pancreáticas, las ováricas (femeninas) y las testiculares (masculinas). Las hormonas controlan el metabolismo mediante reacciones químicas por las que las células sintetizan sustancias complejas a partir de otras más simples. Por ello también pueden impulsar o frenar la actividad metabólica.

Un funcionamiento excesivo o deficiente de la hipófisis, por ejemplo, produce alteraciones en el proceso metabólico, lo que se traduce, a su vez, en problemas de adelga-

Vigila lo que comes

El proceso metabólico abastece al organismo de nutrientes y elimina las impurezas. Cuando algo falla, estas dos funciones se ven inevitablemente afectadas. Por eso es tan importante seguir una alimentación **sana y equilibrada** que favorezca todas las funciones del metabolismo. Un aporte excesivo de grasas modifica el tejido conjuntivo, que se afloja, y se produce la celulitis.

zamiento o de sobrepeso. Cuando ese trastorno afecta a los riñones y a los ovarios, aumenta por un lado la sedimentación de toxinas en las células grasas y, por otro, la acumulación de líquido en el tejido conjuntivo. En otras palabras: aparece la celulitis.

Si sospechas que tienes una enfermedad glandular o un desequilibrio hormonal, ve al médico cuanto antes. Una alteración hormonal de cualquier tipo puede convertirse en una dolencia grave si no es tratada a tiempo.

Problemas de sobrepeso

El sobrepeso es uno de los problemas más extendidos de nuestro tiempo. Se considera que una persona es obesa cuando el IMC es superior a 30. Cuando una persona ingiere más calorías de las que consume, aumentan sus depósitos de grasa, que se acumulan en el tejido adiposo subcutáneo.

Por otra parte, el aumento de células adiposas no implica necesariamente la aparición de celulitis, pero sí puede favorecer su formación en determinados casos.

Peso ideal*

Mujeres (25 años o más)
Peso ideal: peso correspondiente a la media más grande de duración de vida.

Talla (cm)	Complexión ligera	Complexión media	Complexión fuerte	Talla (cm)	Complexión ligera	Complexión media	Complexión fuerte
148	46,4-50.6	49,6-55,1	53,7-59,8	166	53,6-59,5	58,1-64,5	62,6-70,9
149	46,6-51,0	50,0-55,5	54,1-60,3	167	54,1-60,0	58,7-65,0	63,2-71,7
150	46,7-51,3	50,3-55,9	54,4-60,9	168	54,6-60,5	59,2-65,5	63,7-72,4
151	46,9-51,7	50,7-56,4	54,8-61,4	169	55,2-61,1	59,7-66,1	64,3-73,1
152	47,1-52,1	51,1-57,0	55,2-61,9	170	55,7-61,6	60,2-66,6	64,8-73,8
153	47,4-52,5	51,5-57,5	55,6-62,4	171	56,2-62,1	60,7-67,1	65,3-74,5
154	47,8-53,0	51,9-58,0	56,2-63,0	172	56,8-62,6	61,3-67,6	65,8-75,2
155	48,1-53,6	52,2-58,6	56,8-63,6	173	57,3-63,2	61,8-68,2	66,4-75,9
156	48,5-54,1	52,7-59,1	57,3-64,1	174	57,8-63,7	62,3-68,7	66,9-76,4
157	48,8-54,6	53,2-59,6	57,8-64,4	175	58,3-64,2	62,8-69,2	67,4-76,9
158	49,3-55,2	53,8-60,2	58,4-65,3	176	58,9-64,8	63,4-69,8	68,0-77,5
159	49,8-55,7	54,3-60,7	58,9-66,0	177	59,5-65,4	64,0-70,4	68,5-78,1
160	50,3-56,2	54,9-61,2	59,4-66,7	178	60,0-65,9	64,5-70,9	69,0-78,6
161	50,8-56,7	55,4-61,7	59,9-67,4	179	60,5-66,4	65,1-71,4	69,6-79,1
162	51,4-57,3	55,9-62,3	60,5-68,1	180	61,0-66,9	65,6-71,9	70,1-79,6
163	51,9-57,8	56,4-62,8	61,0-68,8	181	61,6-67,5	66,1-72,5	70,7-80,2
164	52,5-58,4	57,0-63,4	61,5-69,5	182	62,1-68,0	66,6-73,0	71,2-80,7
165	53,0-58,9	57,5-63,9	62,0-70,2	183	62,6-68,5	67,1-73,5	71,7-81,2

*Según Statist. Bull Metrop. Life Insur. Co., 40, nov-dic., 1959.

El peso óptimo
para cada persona
depende de
muchas variables.

Aunque la solución parece ir encaminada a hacer dietas muy estrictas, esto es un error y puede incluso provocar que, después de un tiempo, el peso supere al de antes de empezar la dieta. Más adelante veremos a qué se debe esta nefasta consecuencia, opuesta al efecto deseado.

El exceso de kilos debe reducirse con suma prudencia, evitando caer en métodos de adelgazamiento rápidos o radicales, por muy efectivos que puedan parecer a simple vista. En realidad, el mejor sistema para eliminar el sobrepeso, aparte de llevar una dieta sana y equilibrada, es aumentar de forma progresiva y constante el consumo de energía, realizando ejercicios físicos adecuados.

Por otra parte, antes de empezar a combatir el sobrepeso se deben tener claras sus causas (una visita al dietista es la mejor recomendación) y ser en todo momento consciente de que un peso inferior al conveniente es tan malo o peor que un exceso de kilos. Los casos de anorexia son un buen ejemplo de los peligros de establecer una «lucha sin cuartel» por conseguir una figura ideal.

Es difícil, además, establecer cuál es el peso óptimo para cada persona, ya que éste depende de muchos factores, entre ellos la masa muscular, la masa esquelética, el tipo de constitución, el tamaño corporal o la edad. El cuadro de la página anterior puede servirte de orientación para saber si tienes sobrepeso. Contiene el peso ideal femenino, en función de la altura y el tipo de constitución (si se es delgada o más bien robusta).

Malas posturas

Muchas veces, la circulación de la sangre no es la adecuada debido a las malas posturas, lo que favorece el desarrollo de la celulitis. Es muy habitual que mujeres con celulitis presenten alguna forma de lordosis. Ésta es una mala postura que consiste en una excesiva curvatura hacia delante de la parte inferior de la espalda y de la parte superior de la pelvis. Es decir, el centro de gravedad del cuerpo se encuentra desplazado más atrás de lo que sería la postura ideal, lo que revierte en una deficiente distribución del peso corporal.

Lo que sucede con este defecto postural es que la parte inferior de la espalda y la cara exterior de los muslos soportan la mayor parte de la tensión, mientras que otras partes del cuerpo se encuentran prácticamente inactivas. Por lo tanto, una lordosis acentuada es un factor clave que favorece la aparición de la celulitis.

También es importante no permanecer demasiado tiempo de pie o sentada. Cambia de postura con frecuencia y procura evitar la costumbre, tan típicamente femenina por otra parte, de sentarte con las piernas cruzadas y apretando los muslos.

Malas posturas como cruzar las piernas pueden provocar celulitis.

La falta de ejercicio

• Reduce la irrigación sanguínea, por lo que, poco a poco, se van acumulando toxinas que no pueden ser eliminadas. Éstas acaban depositándose precisamente en las células grasas, las cuales tienen una gran capacidad para absorber agua y grasas.

• Falla una función imprescindible, la que se ocupa de que retorne la sangre desde la periferia al centro del cuerpo. En consecuencia, se debilita el tejido conjuntivo y en muchas ocasiones aparecen las varices.

Muévete más y mejor

La falta de movimiento de los músculos tiene sobre el organismo dos consecuencias importantes. Por un lado, disminuye el riego sanguíneo y, por tanto, disminuye el abastecimiento de nutrientes a las células.

Además, al no eliminar bien las impurezas, afecta negativamente al tejido conjuntivo, que las retiene.

La falta de tiempo o de ganas y los trabajos sedentarios hacen que muchas mujeres no tengan en cuenta la importancia de realizar ejercicio físico regularmente. Con el tiempo, el cuerpo empieza a notar esta carencia y, al no oxigenarse adecuadamente el tejido conjuntivo, los excesos de líquidos no se eliminan y las toxinas se acumulan en las células. Es cuando empiezan a surgir las famosas cartucheras o el descolgamiento de las nalgas y el vientre.

Actualmente, muchas mujeres —puede que sea tu caso— llevan una vida extremadamente ajetreada: una jornada laboral agotadora, el cuidado de la casa y de los niños, hacer la compra o gestiones... Podría parecer que esta hiperactividad contribuye a estar en forma y que, en consecuencia, no se necesita de ningún ejercicio extra. Sin embargo, este «no parar quieta» no tiene nada que ver con un ejercicio físico adecuado. Además, está comprobado que el estrés es también un factor esencial en la formación o empeoramiento de la celulitis.

Para desarrollar todas sus funciones adecuadamente, el cuerpo tiene que realizar movimientos que ejerciten correctamente el sistema circulatorio, con ejercicios vigorosos que hagan trabajar los músculos y los mantengan elásticos. Así, la falta de un ejercicio físico adecuado y constante tiene graves repercusiones para el organismo, facilitando el asentamiento y el desarrollo de la celulitis.

Recomendaciones

Antes que tomar laxantes, es preferible seguir estas recomendaciones dietéticas y de higiene:

• Comer **despacio** y masticar bien los alimentos.

• Realizar **ejercicio físico** de manera regular (por ejemplo, andar una hora cada día a paso ligero).

• Una dieta **equilibrada** rica en frutas y verduras frescas. De este modo nos aseguraremos un aporte de fibra vegetal. También puede ayudar el consumo de pan y cereales integrales.

• Intentar ir al lavabo **regularmente** mediante una rutina, a una hora concreta. Acostumbrar el cuerpo es también una medida eficaz para combatir el estreñimiento.

• **Beber** una cantidad elevada de agua al día (unos 2 litros) es muy importante para unirse a la fibra alimentaria y vencer el estreñimiento.

• **Evitar** las cenas copiosas y, sobre todo, no comer justo antes de acostarse (el intestino no trabaja cuando oscurece).

Otro dato importante es que la práctica de ejercicio de manera regular aumenta nuestro metabolismo basal (la energía mínima necesaria para mantener nuestras funciones normales) y por consiguiente nuestras necesidades calóricas (necesitamos consumir más alimentos para mantener nuestro peso). También nos ayuda a perder el exceso de grasa acumulada, a moldear nuestra figura y a sentirnos mejor con nuestro cuerpo.

Ir al baño con regularidad

Un estreñimiento crónico puede llegar a causar celulitis. Los restos fecales no eliminados facilitan la absorción de sustancias tóxicas del intestino a la sangre, que contaminan las células del tejido conjuntivo.

En general se acepta que ir de vientre una vez al día o más es lo correcto y que frecuencias más largas son ya estreñimiento. Sin embargo, mientras que para algunas personas ir de vientre cada dos o tres días no es

Remedios

También puedes probar los siguientes remedios caseros que, en muchas ocasiones, resultan muy efectivos para combatir el estreñimiento:

• Bebe un vaso de agua tibia en ayunas.

• Desayuna un par de kiwis cada día, o prepárate el siguiente desayuno: algo de fruta (las más aconsejables son naranja, piña o kiwi) con dos cucharadas de copos de avena y un yogur desnatado natural o kéfir.

• Come dos o tres ciruelas en ayunas.

• Introduce en tu dieta el salvado de trigo o de avena, que encontrarás con facilidad en cuaquier tienda de dietética o herboristería.

• Come cada día dos yogures desnatados o la misma cantidad de kéfir.

Las virtudes del kéfir
(«bendición» en turco)

• Es leche fermentada por la acción de los granos de kéfir, formados por distintas levaduras y bacilos.

Al igual que el yogur, es un alimento fácilmente digerible. Debido al proceso de fermentación, se degrada la lactosa y la hace directamente asimilable por el organismo.

• Si se tiene nódulos de kéfir es muy fácil de preparar en casa.

Se puede tomar en cualquier momento del día, aunque para mejorar el estreñimiento es preferible hacerlo en ayunas.

• Es un alimento muy versátil. Se puede comer solo, con frutas, miel, azúcar de caña, compotas de frutas naturales…

• Es un alimento funcional, es decir, no sólo tiene la capacidad de nutrir sino que también mejora la salud.

• Contiene probióticos, bacterias «amigas» como el *Lactobacillus acidophilus* y *Bifidofacterium longum*, entre otras, que contribuyen a regenerar la flora intestinal; importante para mantener una buena función digestiva y de defensa frente agentes externos (refuerza nuestro sistema inmunológico).

Infusiones y cocimientos

En momentos puntuales, también te pueden ayudar las siguientes infusiones y cocimientos:

• Infusión de avena

Pon 15 g de semillas de avena peladas en 400 ml de agua o leche hirviendo. Déjalo reposar 20 minutos y cuela el preparado. Toma una taza por la mañana en ayunas y otra por la noche, poco antes de acostarte, con una cucharadita de miel y muy pronto notarás los beneficios.

• Cocimiento de ciruelas

Deja macerar 50 g de ciruelas sin hueso en 500 ml de agua durante una hora. A continuación, hierve el preparado a fuego lento durante dos horas, cambiando el agua dos veces. Tómatelo al día siguiente, diez minutos antes de las comidas.

• También resulta beneficioso tomar una o dos cucharadas de postre de semillas de zaragatona. Éstas deben reposar en un vaso de agua toda la noche y tomarse al día siguiente con un vaso de zumo de frutas naturales. Son semillas mucilaginosas y ayudan a lubricar las heces. Es importante aumentar el consumo de agua.

estreñimiento, otras, acostumbradas a evacuar una o dos veces al día, se sienten estreñidas cuando rompen esa rutina.

La consistencia de las heces es también un factor importante. El sufrimiento de ir de vientre porque las heces son muy duras refleja estreñimiento, pero el dolor a evacuar no siempre es estreñimiento, puesto que la presencia de hemorroides puede hacer dolorosa una defecación que en otro caso no lo sería.

Las consecuencias de este problema son la hinchazón del abdomen y una constante sensación de saciedad. Pueden aparecer también gases, cansancio general, somnolencia e incluso depresión.

Una solución rápida son los laxantes, que pueden ayudar en un principio, si bien es cierto que no eliminan nunca el problema de raíz (que es lo que nos interesa). Aunque el laxante sea de origen natural, no es conveniente utilizar este tipo de remedios de forma permanente, ya que suelen producir dependencia, y al final se hace imposible evacuar sin tomarlos.

Habituarse a los laxantes puede provocar a la larga más problemas de salud de lo que pensamos, por lo que sólo se deben utilizar bajo consejo de un especialista, o de forma esporádica, durante periodos cortos, que no sobrepasen en ningún caso las dos o tres semanas.

Diabetes

Esta enfermedad es una de las más frecuentes en la actualidad y va en aumento debido sobre todo al sedentarismo, al aumento de la obesidad y al consumo excesivo de azúcares simples. Surge por una carencia total o parcial de insulina, una hormona esencial que produce el páncreas. La falta de insulina hace que el azúcar procedente de los hidratos de carbono no pueda descomponerse, por lo que aumenta la presencia de azúcar en la sangre que no puede ser empleado por el organismo. La celulitis empeora debido a este problema de metabolización de los azúcares.

Causas de la celulitis

• **Sobrepeso y dietas inadecuadas.** Los quilos de más favorecen la instauración de grasa en glúteos, muslos y caderas principalmente, favoreciendo la aparición de «piel de naranja». Tampoco son recomendables las dietas muy estrictas, porque al dejarlas, nuestro organismo retiene líquido y aumenta de peso con mayor facilidad.

• **Insuficiencia circulatoria**

• **Factores hereditarios**

• **Sedentarismo**

• **Estreñimiento.** La mala eliminación de toxinas es otra causa de la aparición de celulitis.

• **Estrés e insomnio**

• **Desequilibrios hormonales.** Las hormonas influyen en cómo crecen y se disponen nuestras células grasas. Los estrógenos femeninos producen un incremento de éstas en nalgas, muslos y barriga. Por eso es normal que la celulitis aparezca en las etapas de desarrollo sexual y hormonal de la mujer (adolescencia, embarazo y menopausia).

• **Deficiencia de nutrientes y agua.** Una dieta baja en proteínas, ácidos grasos esenciales, vitaminas y minerales favorece un desequilibrio en el intercambio de líquidos, provocando retención de líquidos y celulitis.

• **Ropa ajustada.** Los pantalones demasiado estrechos entorpecen la circulación sanguínea, lo que puede acabar provocando celulitis.

• **Tabaco y alcohol**

Y recuerda:

• Antes de recurrir a laxantes u otros medios agresivos prueba a eliminar el estreñimiento consumiendo higos, dátiles, ciruelas, albaricoques o kiwis.

Practica deporte regularmente.

Bebe mucha agua.

• Come alimentos ricos en fibra.

• Evita las cenas copiosas y, sobre todo, no comas justo antes de acostarte (el intestino no trabaja cuando oscurece).

• Come sin nervios y mastica lentamente.

• Intenta ir al baño cada día a la misma hora.

Tipos de celulitis y zonas rebeldes

Nuestra constitución, altura o estilo de vida condicionan el tipo de celulitis que nos afecta. Aunque hay diferentes tipos y grados, te mostramos dónde debes centrar los esfuerzos para erradicarla.

No hay una sola celulitis: tipos y grados

L a celulitis puede aparecer sin que la persona afectada sea consciente de ello. Los primeros indicios pueden detectarse por la presencia de dos sensaciones concretas. Por un lado, la de piernas pesadas, que pueden incluso llegar a tomar una tonalidad azulada por la noche, y por otro, la de frío, no sólo en las piernas sino también en los pies. Ambas anomalías responden a alteraciones de la circulación sanguínea y son un claro aviso de celulitis y la base sobre la que se irá asentando ésta si no se empieza, desde un principio, a luchar eficazmente contra ella.

Los tipos de celulitis

A grandes rasgos, existen tres tipos principales de celulitis en función de las zonas del cuerpo a las que afecta:

• Celulitis generalizada
Se da normalmente en personas obesas que han seguido durante mucho tiempo una dieta alimentaria desequilibrada.

• Celulitis localizada
Puede afectar también a zonas como cara, cuello, tronco, abdomen, región lumbar y brazos, y se debe a dolencias específicas.

• Celulitis regional
Suele localizarse en muslos, barriga y glúteos, y es la más frecuente.

Las zonas concretas en las que se desarrolla se relacionan con el tipo de celulitis. En esta línea, puede hablarse de tres clases distintas:

• Celulitis dura o compacta
Su consistencia es dura y la sensación al tacto es granulosa, de ahí su nombre. Se da básicamente en la mitad inferior del cuerpo, sobre todo en los muslos, donde adopta la forma de las famosas cartucheras, que tanto disgustan. Puede darse también en mujeres delgadas, incluso en las que están en buena forma física, o en adolescentes.

• Celulitis edematosa
Su consistencia es pastosa y duele al tocarla. Suele estar asociada a problemas circulatorios en las piernas, por lo que afecta principalmente a los muslos.

Posibles complicaciones

La celulitis no puede considerarse como una enfermedad propiamente dicha, pero en exceso puede originar dolencias graves. Es algo así como un toque de alarma para que mejoremos nuestra calidad de vida, al margen de preocupaciones meramente estéticas.

• Celulitis blanda

Al tacto parece esponjosa, no duele y se mueve. Normalmente afecta a la parte interna de muslos y brazos, y se asocia a músculos atrofiados y piel con estrías.

La celulitis es un proceso progresivo, que aumenta con el tiempo si no se toman medidas para frenarla. En líneas generales puede hablarse de tres niveles de desarrollo:

• Celulitis ligera

Un claro indicio de que existe una celulitis incipiente son los hematomas que aparecen fácilmente tras pequeños golpes o presiones. Otra manera de detectarla es pellizcando la piel de la zona; si su aspecto es granuloso y presenta pequeñas ondulaciones (la famosa y temida «piel de naranja»), significa que la celulitis ha hecho acto de presencia. Sin embargo, todavía es leve, ya que a simple vista es difícil de detectar.

• Celulitis media

En esta fase, las depresiones y ondulaciones cutáneas pueden apreciarse en muslos, caderas, barriga y nalgas a simple vista, tensando los músculos.

• Celulitis fuerte o acentuada

Las alteraciones de la piel son evidentes en cualquier posición: sentada, echada o de pie. Cuando la celulitis alcanza este nivel de desarrollo es dura al tacto y carece de elasticidad, lo que hace que el tejido sea más grueso y tenga una amplia estructura granulosa. Por eso, en las zonas afectadas se experimenta una molesta tirantez y pesadez constante en brazos y piernas. Este grado máximo, normalmente asociado a problemas de exceso de peso, suele darse también en zonas del cuerpo menos comunes, como los brazos y la región lumbar.

Cuando la celulitis
es media o fuerte
deja de ser una simple
cuestión estética.

Tanto la celulitis media como la fuerte deben considerarse y tratarse como problemas serios, puesto que en ambos casos se trata de algo más que un aspecto antiestético de la piel. De hecho, pueden acabar causando importantes alteraciones de salud.

Lo que sucede cuando la celulitis se agrava es que las venas se obstruyen y los líquidos y las toxinas empiezan a acumularse, deteriorando a su vez el tejido conjuntivo. A medida que las venas y el tejido conjuntivo que las rodea pierden elasticidad, se altera la capacidad de bombeo de la sangre, que queda retenida en las venas y hace que éstas aumenten su tamaño. Y al hincharse, acaban siendo visibles en la superficie de la piel: son las famosas varices.

No hay duda de que, además de antiestéticas, las varices son en realidad una enfermedad de los vasos sanguíneos. Una celulitis grave es una señal clara de que los tejidos han perdido su capacidad de permeabilidad, por eso suele ir acompañada de problemas circulatorios, especialmente en las piernas.

Por otra parte, al estar dilatadas las venas, la sangre fluye más lentamente de lo normal, con lo que fácilmente pueden formarse coágulos (trombos) y producir una trombosis. El coágulo, retenido en las paredes de los vasos, puede irse agrandando mientras a su alrededor se acumulan sustancias transportadas por la sangre. En un caso extremo, el coágulo podría incluso desprenderse y provocar una embolia.

Si crees que padeces una celulitis media o fuerte, no dudes en ir al especialista. Como hemos explicado, a esos niveles de desarrollo la celulitis deja de ser una cuestión meramente estética para convertirse en un problema de salud que hay que tomarse en serio. No tienes por qué acabar padeciendo una trombosis, pero seguro que tu médico te aconsejará cómo mejorar la circulación sanguínea. En este libro encontrarás consejos y tablas de ejercicios para activar el riego sanguíneo.

Cuestión de piel

Muchas veces te preguntarás por qué tus nalgas y muslos tienen ese aspecto acolchado o están flácidos y dónde se produce exactamente la celulitis. Te lo explicamos a continuación.

La piel está formada por tres capas: epidermis, dermis y tejido subcutáneo. Este último es la parte más profunda y gruesa de la piel, y el estrato cutáneo que más nos interesa, ya que en él se origina la celulitis y la flacidez. Está constituido esencialmente por tejido conjuntivo y grupos de células adiposas dispuestas en forma de racimos. Los espacios libres entre estas células están cubiertos por fibras colágenas y elásticas, y recorridos

¿Por qué el tejido conjuntivo pierde elasticidad?

El paso del tiempo
A medida que envejecemos, la capacidad de regeneración del colágeno disminuye.

El abuso de dulces y productos refinados
El consumo excesivo de dulces favorece el almacenamiento de grasas en nuestro organismo. Cuando existe un exceso de azúcar, éste ya no puede transformarse en glucógeno (almidón), sino que lo hace en triglicéridos (grasas), que acaban por almacenarse en el tejido adiposo. También, consumir productos refinados en exceso (pobres en vitaminas y minerales) provoca un mal funcionamiento del metabolismo.

Los nutrientes escasos
La carencia de nutrientes puede transformar el tejido conjuntivo.

Una vida sedentaria
La falta de movimiento hace que el tejido conjuntivo no elimine bien las impurezas, que se adhieren a las células, haciéndolas crecer e impidiendo que funcionen correctamente. Estas grasas superfluas van a parar directamente a caderas, nalgas, vientre, muslos…

Capas de la piel

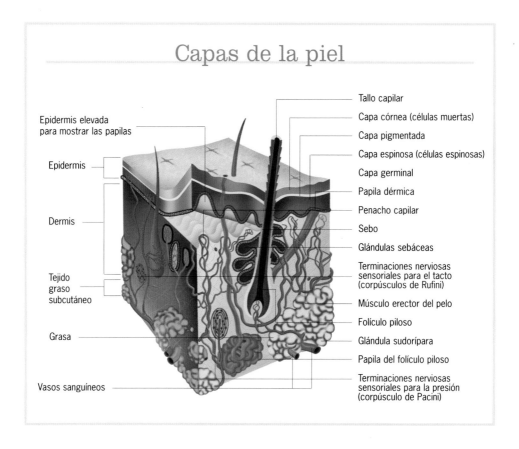

Epidermis elevada
para mostrar las papilas

Epidermis

Dermis

Tejido
graso
subcutáneo

Grasa

Vasos sanguíneos

Tallo capilar

Capa córnea (células muertas)

Capa pigmentada

Capa espinosa (células espinosas)

Capa germinal

Papila dérmica

Penacho capilar

Sebo

Glándulas sebáceas

Terminaciones nerviosas
sensoriales para el tacto
(corpúsculos de Rufini)

Músculo erector del pelo

Folículo piloso

Glándula sudorípara

Papila del folículo piloso

Terminaciones nerviosas
sensoriales para la presión
(corpúsculo de Pacini)

por vasos y fibras nerviosas. Por otra parte, los depósitos de grasa, además de almacenar nutrientes, nos defienden del frío y los golpes.

Tu organismo acude a estos depósitos del tejido conjuntivo cuando tienes frío o estás cansada para quemar más grasas de las normales y conseguir así las calorías que precisas para recuperarte. Si no padece ninguna anomalía ni está sometido a un excesivo sedentarismo, el tejido conjuntivo soporta sin problemas la presión de los músculos. Después de que éstos se dilaten, recupera su posición original gracias al entramado en forma de red constituido por colágeno y fibras elásticas que hemos mencionado. Por el contrario, si no recibe demasiado movimiento porque llevamos una vida sedentaria, el tejido subcutáneo no utiliza el exceso de grasa ni elimina el agua. Por este motivo se va almacenando más agua y más grasa, y las células adiposas se agrandan y deforman hasta que los síntomas son evidentes en las dos capas superiores de la piel, la epidermis y la dermis. El tejido conjuntivo se vuelve flácido y no puede, por tanto, proporcionar a la piel la firmeza y elasticidad que necesita.

Cuerpos de mujer

Antes de empezar a combatir la celulitis debemos ser realistas y partir de la base de que cada mujer tiene un cuerpo diferente, y que debemos enfrentarnos a ella partiendo de este hecho.

La estructura original del cuerpo no se puede cambiar porque es hereditaria; lo que sí podemos hacer es alimentarnos mejor, practicar ejercicio y cuidarnos para mejorar nuestra condición física y alcanzar un mayor bienestar.

Tipos de mujer según su constitución

• **Atlética.** Las mujeres que pertenecen a esta categoría tienen los hombros anchos y las caderas estrechas. Suelen tener la barriga plana y el tronco alargado. Su cuerpo es musculoso y con poca grasa. Si perteneces a este grupo difícilmente tendrás problemas de peso. Además de comer mucha fruta, verdura y cereales es necesario aportar a través de tu dieta alimentos protéicos de alto valor biológico (que contengan los aminoácidos esenciales necesarios para el organismo). Es conveniente que hagas ejercicio dos o tres veces por semana. Combina el stretching con ejercicios musculares suaves.

• **Con cuerpo de guitarra.** El tipo femenino por excelencia: nalgas prominentes, cintura estrecha y mucho pecho. Aumenta rápidamente de peso. Si perteneces a este grupo deberías practicar ejercicio cada día. No comas productos grasos ni dulces, y aplica en las zonas problemáticas cremas anticelulíticas mediante masajes adecuados.

• **Fuerte.** Constitución ósea ancha y fuerte. Tendencia a engordar. Es necesario practicar mucho ejercicio. La barriga es la zona que más debes cuidar. También tienes que vigilar mucho tu alimentación. Come mucha fruta y verdura. Masajea las zonas conflictivas con cremas anticelulíticas.

• **Delgada.** Extremidades delgadas. Poca grasa corporal y masa muscular. Este tipo de mujeres tienen un aspecto frágil que también las hace muy femeninas a pesar de que apenas tienen curvas. Si perteneces a este grupo deberías entrenar cada día de 15 a 20 minutos, tres veces por semana, para desarrollar los músculos. Es aconsejable que tomes mucha fibra y que te alimentes con comidas ricas en minerales y proteínas.

Zonas problemáticas y cuidados

Llamamos zonas problemáticas a las que acumulan grasas y apenas tienen masa muscular. Cada persona almacena la grasa en distintas partes del cuerpo: unas en la barriga, otras en los brazos o en los muslos, etc. Sin embargo, la mayoría de mujeres coincide en afirmar que las principales zonas problemáticas son la barriga, los muslos y las nalgas, por ello es necesario que las tratemos específicamente.

Nalgas

Los glúteos están compuestos por un tejido por el que apenas circula sangre. Una buena manera de mantenerlo es haciendo ejercicio suave pero continuado, como pasear o subir escaleras. También son muy efectivos nadar o montar en bicicleta.

Para mejorar el aspecto de tus glúteos

• Cuando estés sentada, aprovecha para hacer este sencillo ejercicio. Aprieta cada nalga, una contra la otra, y cuenta hasta diez. Repítelo unas veinte veces.

• Antes de salir de la ducha aplica sobre la piel un chorro de agua fría durante un par de minutos.

• Aprieta entre el dedo pulgar y el índice la piel centímetro a centímetro de la parte inferior de las nalgas y súbela hacia arriba.

• Siéntate en el suelo con las rodillas flexionadas y los pies planos. Aprieta los glúteos y eleva la pelvis del suelo. Aguanta en esta posición unos segundos y baja lentamente. Haz tres secuencias de diez repeticiones.

• Recorre con un cepillo o guante de crin las nalgas durante tres minutos haciendo círculos. Con ello activarás la circulación. Hazlo por la mañana y antes de acostarte.

• Aplícate un *peeling* casero con aceite corporal y sal gruesa, haciendo círculos. Pasados quince minutos retíralo con un chorro de agua fría.

Date la vuelta y te diré cómo eres

Hay muchos tópicos que relacionan la forma de las nalgas con la personalidad.

Nalgas firmes. Mujer apasionada y llena de vitalidad.

Nalgas voluptuosas. Mujer segura de sí misma y que sabe disfrutar de la vida.

Nalgas caídas. Mujer terrenal y poco imaginativa.

Nalgas planas. Mujer muy sensible con carácter introvertido.

Evita

• Tomar mucha sal o productos salados, ya que contribuyen a que el tejido se vuelva flácido.

• Tomar el sol con las nalgas descubiertas. Los rayos solares pueden dañar rápidamente su fina piel.

• Los cambios bruscos de peso.

• Sentarte en sofás blandos. Es preferible hacerlo sobre sillas duras.

39

Muslos

En la parte alta y exterior de los muslos se produce una acumulación de grasa muy difícil de eliminar. Este problema estético es comúnmente conocido con el nombre de «cartucheras» y es uno de los más difíciles de combatir.

Para mejorar el aspecto de tus piernas

Para que tus piernas y muslos luzcan más bonitos date masajes como mínimo una vez al día y haz ejercicio con regularidad.

• Empieza el masaje por el pie derecho y recorre toda la pierna, incidiendo en el muslo. Haz el masaje siempre empezando por la parte inferior y sigue hacia arriba.

• Evita tocar las zonas donde haya varices.

• Aprieta entre el dedo pulgar y el dedo índice la piel centímetro a centímetro y súbela hacia arriba.

• Además, puedes hacer regularmente saunas o baños de vapor y combinarlos con duchas de agua fría. Los cambios de

temperatura son ideales para reafirmar la piel, combatir la celulitis y eliminar toxinas a través de los poros.

• Este ejercicio apenas te llevará tiempo y es fácil de hacer: estirada de lado, con el antebrazo apoyado en el suelo y el otro brazo sobre el cuerpo y la pierna inferior doblada, levanta y baja lentamente diez veces la pierna que queda en la parte superior. Cambia de lado y repítelo otras diez veces con la otra pierna. Haz tres secuencias de diez repeticiones. También puedes hacer este ejercicio en la misma posición pero doblando la pierna superior y levantando y bajando lentamente la pierna inferior.

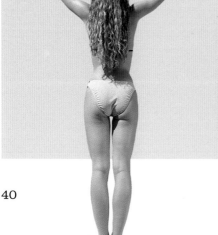

Efecto yo-yo

Cuando llevamos a cabo una dieta muy estricta el cuerpo hace uso de sus reservas energéticas (grasas), extrayéndolas de las nalgas, los muslos y la barriga, que actúan a modo de «almacén». Una vez finalizado el régimen alimentario el organismo vuelve a llenar esas zonas con más grasa de la que se ha eliminado.

Utiliza siempre protección solar en las piernas, sin olvidar la parte interna de los muslos.

Barriga

La barriga es una zona muscular que reacciona muy rápidamente a los ejercicios y que cambia fácilmente su estructura. Con diez minutos al día podemos cambiar fácilmente su firmeza y aspecto. Recuerda, no obstante, que tener un poco de barriga resalta tu feminidad.

Para tener un vientre más terso y firme

Evita

• **Las malas posturas.** Los hombros caídos y una espalda curvada hacen que la barriga se redondee hacia delante. Mantén siempre la espalda recta, ya sea caminado, sentada o de pie. Levanta la cabeza, baja la barbilla, saca pecho y relaja los hombros.

• **Las verduras crudas** porque cuestan más de digerir. Tómalas cocidas, a la plancha, a la brasa o al vapor; de este modo evitarás que se te hinche la barriga por acumulación de gases. Para disminuir la hinchazón bebe cada día al levantarte y en ayunas un vaso de agua tibia.

• Coloca las manos sobre la barriga y masajea la zona que rodea el ombligo en el sentido de las agujas el reloj, así activarás el metabolismo.

• Aprieta entre el dedo pulgar y el índice la piel de la barriga centímetro a centímetro y muévela de forma circular.

• También puedes apuntarte a clases de danza del vientre. ¡Son ideales para trabajar la musculatura de la barriga!

• Procura llevar la espalda recta y los hombros colocados hacia atrás. Esta buena postura distribuye adecuadamente el peso del cuerpo.

• ¡Y no te olvides de meter barriga siempre que puedas! Sin mucho esfuerzo, irás fortaleciendo los músculos del abdomen poco a poco.

• Practica con cierta frecuencia este fácil ejercicio: estírate boca arriba y dobla las rodillas. Incorpórate levantando los hombros del suelo y estirando los brazos de forma que queden entre las piernas. Aguanta unos segundos en esta posición y repítelo diez veces seguidas. También puedes hacerlo colocando las manos a un lado con los brazos estirados. Hazlo diez veces a la izquierda y diez veces a la derecha. Haz tres secuencias.

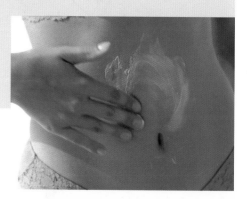

Cuatro ejercicios fáciles
para combatir los michelines

Los familiarmente llamados «michelines» no son otra cosa que grasa y celulitis acumulados alrededor de la cintura y las caderas. Para combatirlos, te recomendamos los siguientes ejercicios, rápidos y sencillos de hacer.

• Ejercicio 1

De pie y con las piernas ligeramente abiertas inclínate a un lado y a otro sucesivamente y con los brazos caídos. Intenta tocar con la mano derecha la rodilla derecha. Repítelo con la mano y pierna contrarias. Haz dos secuencias de quince repeticiones.

• Ejercicio 3

Tumbada de lado levanta el cuerpo en línea recta con la ayuda del codo. Aguanta tanto como puedas la postura y haz lo mismo del lado contrario. Haz dos tandas de quince repeticiones.

• Ejercicio 4

De pie y con las piernas ligeramente separadas dobla los brazos y cierra los puños debajo de la barbilla. Gira la parte superior del cuerpo quince veces a la derecha y quince veces a la izquierda. Hazlo dos veces.

• Ejercicio 2

De pie y con las piernas ligeramente abiertas baja el tronco a un lado tocando con la mano derecha el pie izquierdo. Vuelve a la posición inicial y haz lo mismo con la mano y el pie contrarios. Hazlo quince veces a cada lado y repite.

Cómo nos afectan las grasas

Muchas veces eliminamos de nuestra alimentación las grasas creyendo, erróneamente, que así acabaremos con los odiados michelines y con la celulitis. Además, la mayoría de las dietas actuales se basan en la eliminación de grasas partiendo de la base de que engordan. Es una verdad a medias, ya que es cierto que hay que reducir las grasas, pero lo más importantes es eliminar las grasas animales y los fritos.

En el curso de este siglo, el consumo de grasas, sobre todo de origen animal, se ha multiplicado, mientras que ha disminuido notablemente la actividad física. Además, nuestras viviendas son más confortables y cálidas, por lo que los lípidos no sirven ni siquiera para la termorregulación, un delicado mecanismo de nuestro cuerpo que, para mantener estable la temperatura interna alrededor de los 36,5 °C, necesita disponer de una mayor cantidad de «combustible» cuando la temperatura exterior es fría.

Está claro que ni por la actividad física que realizamos ni por el acondicionamiento de nuestras viviendas no necesitamos tantas grasas como nuestros abuelos. Además, si ingerimos más grasas de las que consumimos, el cuerpo tiende a formar acumulaciones (los odiados michelines adiposos) y el hígado se sobrecarga. Sin embargo, eliminar por completo las grasas de nuestra dieta con la esperanza de adelgazar sería un grave error, pues son indispensables para el organismo.

Grasas para los nervios

- La células nerviosas tienen una membrana de consistencia gelatinosa, **la mielina**, cuya composición química permite la transmisión de las señales de los estímulos nerviosos.

- A falta de mielina, la viscosidad de la membrana aumenta y se instaura el nerviosismo. En estas condiciones, las células nerviosas **envejecen** con rapidez.

- Una envoltura mielínica demasiado fluida puede originar **ataques de nervios** ante la presencia de estrés.

- Una envoltura mielínica demasiado espesa, debido a un gran consumo de grasas animales y/o de frituras, **retarda** la recepción y la transmisión de señales nerviosas o estímulos que precisamos para relajarnos, prepararnos para el sueño y tener, en general, un estado de ánimo positivo.

- A su vez, el estrés y la alimentación deficiente aumentan la viscosidad de la envoltura protectora de los nervios y **dificultan la agilidad mental**.

Para adelgazar no hay
que suprimir todas
las grasas de la dieta,
sino alimentarse bien
y hacer más ejercicio.

El lado amargo de los dulces

Los dulces pueden convertirse en grasa perjudicial para nuestro organismo.

• Si comemos **demasiados dulces** e hidratos de carbono refinados (harinas blancas, azúcar) o abusamos del alcohol, el metabolismo (a través del hígado) se niega a desperdiciar los carbohidratos que contienen y tiende a almacenarlos. De hecho, no hace sino cumplir la misión que tiene asignada desde hace millones de años: **atesorar grasas** para futuros tiempos de hambre y necesidad.

• El **hígado** es el órgano que controla el metabolismo de los azúcares, pero también el de las proteínas y el de las grasas. Desintoxica todo el organismo, regula el equilibrio de las grasas y almacena sustancias bioactivas.

• Un hígado en **mal estado** contrarresta todos nuestros esfuerzos por estar sanos, jóvenes y llenos de energía: cuando disminuye la eficacia del hígado, gradualmente todo el organismo va quedando afectado.

• El **consumo excesivo** de glúcidos, especialmente de glúcidos solubles (harinas refinadas, dulces, azúcar), hace que éstos se conviertan en moléculas de grasa a través del hígado. Éstas son transportadas a través de la circulación sanguínea bajo la forma de triglicéridos, y van a acumularse en los tejidos adiposos. Aquí la capacidad de acumulación o almacenamiento de los adipocitos es ilimitada: se hipertrofian y cada uno de ellos puede almacenar hasta cien veces su tamaño normal.

• En resumen, el hígado convierte en grasas una buena parte de los hidratos de carbono sobrantes, que van a parar a los **michelines** del vientre y a las caderas.

• La asimilación de las vitaminas liposolubles (es decir, que se disuelven en las grasas), como la A, D, K y E.

• Los ácidos grasos, un componente de los lípidos, son insustituibles para toda una serie de procesos vitales, empezando por la protección de las membranas de todas las células y terminando por el correcto funcionamiento del cerebro y el sistema nervioso. Existen los llamados ácidos grasos esenciales, cuyo aporte debemos conseguir a través de la dieta, pues nuestro organismo no puede obtenerlos por sí mismo.

Las dietas que sugieren una reducción drástica de cualquier grasa entrañan, a largo plazo, riesgos importantes para nuestro bienestar. En lugar de eliminarlas indiscriminadamente, debemos seleccionar las mejores grasas (los aceites vegetales de primera presión en frío –como el aceite de oliva–, los frutos secos –nueces, avellanas, almendras...– y semillas oleaginosas –como el sésamo) y aprender a usarlas mejor al cocinar.

El consumo de grasas no debería ser un problema. Es más una cuestión de cantidad y de calidad. Para comer más saludablemente bastaría con evitar las frituras y disminuir el consumo de grasas animales. Recuerda que el equilibrio nervioso también depende de una correcta alimentación.

Recuerda

Hay grasas beneficiosas y grasas perjudiciales para el organismo que se acumulan en tus cartucheras y michelines, así que:

• Introduce en tu dieta diaria alimentos **ricos en harinas y cereales integrales** (pasta y arroz integrales, avena…), fruta fresca, verduras, hortalizas y edulcorantes naturales como miel, melaza, sirope, etc. Éstos contiene más vitaminas y minerales, necesarios para el correcto almacenamiento de nutrientes en nuestro organismo.

• Evita también las golosinas y bebidas edulcoradas.

• Disminuye el consumo de harinas refinadas y azúcar blanco; son hidratos de carbono de rápida asimilación que el hígado metaboliza en grasas.

• Aumenta la proporción de **fibra** en tu dieta. Come cereales integrales, frutas, verduras y hortalizas. La fibra de estos alimentos absorbe el agua y los jugos digestivos en el intestino, se hincha y se expulsa enseguida, arrastrando moléculas de grasa y otros residuos. De esta manera, el hígado recibe muchas menos grasas.

Mentalízate y acabarás con la celulitis

¿Quieres ganar la batalla contra la celulitis y conseguir un cuerpo firme y esbelto? Motivación, voluntad y objetivos claros son la clave para conseguirlo.

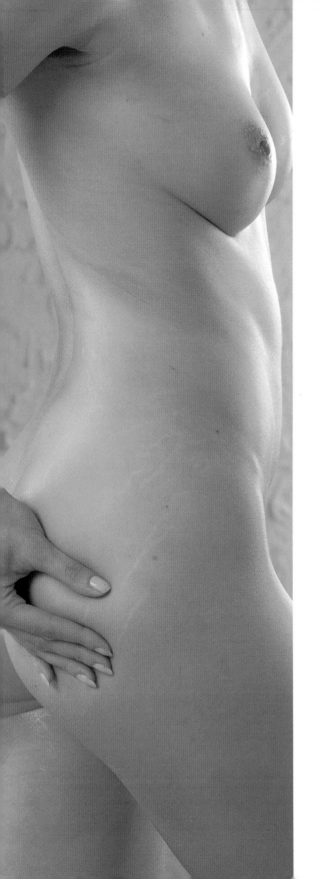

Tómatelo en serio

Ahora ya sabes qué es la celulitis, cómo se produce y por qué. Y no sólo tienes clara la teoría, sino también lo más importante: estás harta de la dichosa celulitis y quieres librarte de ella de una vez por todas. Te gustaría tener una piel tersa, sin cúmulos de grasa que se vean a simple vista o cuando presionas algunas zonas de tu cuerpo, sobre todo en muslos, nalgas y barriga.

Es importante que tengas claro este objetivo en tu mente porque no podrás conseguir nada sin una auténtica motivación y una voluntad firme de acabar con la celulitis. Hasta que no te convenzas de que debes perseverar para mejorar el aspecto de tu cuerpo, el proceso no llegará a buen fin. Probablemente lo interrumpirás con mil excusas, postergues su inicio o te saltes algunas normas... Seamos realistas: los milagros no existen, por mucho que deseemos que ocurran. Sin esfuerzo y perseverancia no hay frutos.

Una vez iniciado el proceso (siempre que te lo tomes en serio y seas constante), te será cada vez más fácil obtener resultados, ya que cada pequeño éxito te motivará para el siguiente. Si estás decidida, es el momento de analizar la situación.

Si la aparición de la celulitis se debe a una ingesta de alimentos excesiva: **¿Por qué como tanto?**

Es lógico pensar que engordas porque comes demasiado. Pero ¿por qué comes tanto? A continuación te ofrecemos algunas respuestas. Piensa cuál es tu caso y sé sincera contigo misma. Es la primera fase para encontrar soluciones.

Si has respondido sí a uno o más de estos casos, quédate tranquila porque no eres la única. Es muy frecuente comer sin hambre porque te sientes mal, ansiosa, triste o agobiada por tener muchas cosas que hacer y no saber por dónde empezar. De hecho, a menudo comemos por razones que sólo nuestra mente conoce, incluso de modo inconsciente. Eso ocurre en los siguientes casos:

Por otra parte, todo el mundo conoce algún fumador o fumadora que se enciende un cigarrillo para no comer. En ese caso, lo hacemos porque creemos que «mata el hambre». Algo parecido ocurre cuando dejamos el tabaco: suplimos la ansiedad que eso nos produce comiendo.

Para cualquiera de los casos anteriormente descritos, lo que se debe hacer es aprender a controlar la ansiedad que producen esas situaciones. En su defecto, beber agua o infusiones sedantes como la tila ayudará a disminuir el estado de ansiedad.

Algunas personas creen que no merecen ser atractivas, tener éxito o ser queridas. Se castigan a sí mismas, aumentando de peso para justificar su sentimiento de inutilidad. Se trata de un problema de baja autoestima que hay que identificar como paso previo a cualquier tratamiento de control de peso.

Lo primero es aceptarte a ti misma, valorarte por lo que eres sin compararte con los demás. Quiérete tal como eres y recuérdate que mereces un cuerpo con el que te sientas cómoda.

Parecido es el caso de quien come en exceso porque piensa que no es capaz de controlar su propia vida. A veces los aconteci-

Como debido a mi estado emocional:

- porque estoy aburrida.
- porque soy infeliz.
- porque estoy nerviosa.
- porque no soporto la presión del trabajo o de cualquier otra parcela de mi vida.
- porque me siento mal si desperdicio la comida o se la desprecio a los demás.

Como para sustituir o postergar otra actividad u obligación:

- para evitar fumar.
- para suplir la falta de actividad.
- para compensar la falta de afecto.

Como para autocastigarme:

- porque creo que no merezco ser atractiva.
- porque pienso que no controlo mi vida.
- porque soy incapaz de conseguir lo que quiero.

mientos se le escapan de las manos, las cosas no suceden como espera y eso le resulta desestabilizador y frustrante. Busca el control desesperadamente y lo encuentra en su manera de comer.

Esto sucede especialmente en trastornos serios como la anorexia y la bulimia, conductas de actualidad, por desgracia, que no sólo

afectan a la persona que la padece, sino a todo su entorno.

En cualquier caso la vida está llena de contingencias, circunstancias e imprevistos que no podemos controlar y, a veces, ni siquiera prever. La aceptación es una manera muy sana y sensata de encarar las «sorpresas» que nos depara la vida.

Adelgazar y mantener el peso ideal es posible con ilusión y constancia

¿Por qué se recuperan los kilos perdidos?

Seguramente has probado diferentes dietas con mayor o menor éxito. Después de mucha constancia y costosos sacrificios, se consigue adelgazar algunos kilos. Pero a partir de ahí empieza el no menos penoso proceso de mantener el peso recién adquirido, más acorde con tus deseos de salud e imagen.

Llegadas a este punto, muchas mujeres experimentan una auténtica desesperación: sin saber cómo ni por qué, se encuentran al cabo de un tiempo con el mismo peso de antes o incluso más. ¿A qué se debe este fenómeno que parece condenarnos a volver eternamente al punto de partida, o peor (más gordas), sin vislumbrar el fin de semejante *via crucis* de sacrificios y dietas?

La clave del misterio se encuentra en la base del cerebro, en el hipotálamo, que regula la sensación de hambre y la cantidad de grasas que el organismo debe almacenar.

Al hacer régimen, el cuerpo recibe menos calorías de las que necesita y, en consecuencia, empieza a quemar las reservas de grasa para suplir las que le faltan. Pero, entonces, el hipotálamo interviene como mecanismo de defensa, intentando que el organismo se adapte a las circunstancias sin necesidad de variar sus reservas, de modo que gran parte de lo que se pierde con la dieta es agua e incluso masa muscular. Resultado: flacidez muscular y recuperación del agua perdida simplemente ingiriendo líquido.

De lo anterior podemos extraer una consecuencia importante: para adelgazar definitivamente y mantenerte en el peso ideal, debes aprender a desarrollar conscientemente la habilidad de regular el propio mecanismo cerebral de control de las grasas hasta conseguir que éste se habitúe al peso que deseas mantener.

Pero ¿cómo puedo llegar a controlar un proceso cerebral tan complejo?, te preguntarás. Aunque parezca difícil, alcanzar un control mental de los procesos que regulan el funcionamiento de nuestro organismo no es imposible. Hay técnicas psicológicas que insisten en la posibilidad de curar a través de la comprensión de lo que ocurre en nuestro interior. Esto es precisamente lo que nos proponemos en las secciones siguientes.

Programa tu mente para adelgazar

Sin duda, nuestras creencias influyen en el funcionamiento de nuestro cuerpo. Prueba de ello son las enfermedades psicosomáticas, trastornos orgánicos cuyas causas hay que buscar en la mente.

Hoy en día, médicos y psicólogos están de acuerdo en que el ser humano es el fruto de la integración de factores físicos y psíquicos indisolubles. Igual que un fuerte dolor de cabeza produce mal humor, las alteraciones emocionales, el estrés o la ansiedad también repercuten en el organismo en forma de alteraciones gástricas, cansancio extremo, taquicardia, celulitis...

Consejos para alcanzar tus objetivos

Sigue los siguientes consejos para afrontar tus objetivos con sensatez y no fracasar en el intento:

• Piensa en positivo

Es mejor pensar «*Quiero* comer verdura más a menudo» que «No quiero *atiborrarme* de bombones y patatas fritas». La manera de expresar las cosas influye poderosamente en la imagen mental que nos formamos. Es mejor formular un propósito en clave positiva para que así se vea reforzado mentalmente por el poder de la afirmación. Tampoco es casual el hecho de encabezarlo con un verbo de voluntad: «quiero», «deseo»... De esta forma estás implicando directamente tu voluntad de conseguirlo.

• Proponte objetivos concretos

Cuanto más específicos sean tus propósitos más fácil será comprobar tus progresos. Por ejemplo: «Quiero perder dos kilos en un mes» o «Quiero hacer ejercicio treinta minutos cada dos días».

• Propósitos realistas

No te plantees objetivos demasiado fáciles ni tampoco imposibles. Tus propósitos deben ser un reto y no una quimera. Si te planteas un imposible, te desanimarás cuando no lo consigas. Si es demasiado fácil, te estarás engañando a ti misma y tampoco te motivarás. Para asegurarte de que te plantees algo realista, consulta a un nutricionista o a un preparador físico que te aconsejen lo más conveniente para tu caso.

• Objetivos adecuados a tu forma de vida

¿Tienes tiempo para ir al gimnasio cada día? ¿Cuentas con el apoyo de tu entorno familiar para adelgazar? Plantéate estas cuestiones prácticas para asegurarte de los medios que necesitas antes de empezar. Si no puedes ir al gimnasio, sí podrás al menos subir más escaleras...

Por otra parte, estudios estadísticos indican que una actitud positiva amplía considerablemente las posibilidades de curación de enfermedades como el cáncer.

En el apartado anterior hemos visto cómo nuestra mente puede inducirnos, por diversas causas, a comer más de lo que necesitamos y, por tanto, a engordar y acumular celulitis. Sea cual sea la razón que te impulsa a comer,

Mentalízate

- Identifica cuál es la imagen que ahora tienes de ti y acéptala positivamente como punto de partida (estado actual).

- Imagina la apariencia que deseas tener (estado deseado).

- Establece los pasos intermedios por los que deberás pasar para alcanzar tu objetivo.

• Hazte un plan temporal

Por ejemplo: «Quiero hacer ejercicio veinte minutos al día, tres días a la semana durante tres meses». Ten en cuenta que siempre podrás cambiar la frecuencia o las actividades durante el tiempo que dure el proceso de adelgazamiento, pero es conveniente que establezcas un punto de partida claro en el tiempo para definir desde el principio a qué atenerte y cómo abordarlo.

puedes cambiar tu conducta con la fuerza de tu mente. Y a la inversa: ten en cuenta que si careces de una actitud mental positiva, poco pueden hacer las dietas más estrictas.

Pero no te confundas: aun así, no se trata de simple fuerza de voluntad —hay que ser una santa para no desfallecer tarde o temprano—, sino de reeducar tu manera de pensar respecto a tu propia imagen y también respecto a tu alimentación. Todo cambio, para que sea duradero, debe proyectarse de dentro hacia afuera.

En las páginas siguientes te explicamos cómo llevar a cabo esta transformación a través de diversas técnicas psicológicas de programación neurolingüística. Éstas profundizan en las relaciones entre la mente, el lenguaje y el comportamiento y las actitudes, con el fin de aprovechar el potencial mental al servicio de las propias aspiraciones.

Puedo conseguirlo

Para muchas mujeres, conseguir el **peso ideal** es una idea, algo de lo que han oído hablar o leído en revistas, una aspiración que se plantean de cara al futuro. Cualquier cosa menos algo real, posible.

El primer paso es precisamente éste, lograr que tu mente piense en adelgazar como algo real, al alcance de tus posibilidades. Empieza por elaborar una lista de **objetivos** (dos o tres bastarán; recuerda que quien mucho abarca poco aprieta) y ponte un tiempo para conseguirlos. Además, para garantizar la eficacia de tu plan, tus propósitos deben ser positivos, concretos, realistas y adecuados a tu modo de vida.

«Quiero tener el cuerpo de una top model» es claramente un objetivo fuera de lugar, pero «quiero caber en una falda una talla menor dentro de dos meses» representa, por el contrario, un buen ejemplo de aspiración razonable que puedes conseguir con un poco de esfuerzo.

Una actitud positiva
es fundamental
para conseguir
nuestras metas.

Técnicas mentales para el control de peso

Como ya hemos dicho, tú misma, a través de tu mente, tienes el poder de contribuir a que tu cuerpo cambie. Sé asertiva, es decir, utiliza la afirmación, no el condicional; di «sí» o «no» cuando lo creas conveniente para tus necesidades y haz que prevalezca tu deseo frente a las presiones ajenas.

Imagínate a ti misma como una persona delgada y date permiso para serlo en la realidad. No es necesario que te despidas de los dulces o de los helados para el resto de tu vida, pero sí que asimiles que este placer debe ser una excepción en tu régimen alimentario y no la regla general. Date cuenta, además, de que las personas delgadas acostumbran a valorar, antes de comer, cuánto hambre tienen. Mastican lentamente y saboreando cada bocado y, en cualquier caso, dejan de comer antes de sentirse con la panza a reventar. Bien pensado, ¿para qué atiborrarse ansiosamente de comida si dentro de pocas horas se puede volver a comer? Actuar con mesura es una sabia decisión y más cuando se trata de tu propio cuerpo.

A continuación, te ofrecemos varias técnicas mentales que te ayudarán a dejar atrás hábitos alimenticios compulsivos, a iniciar el proceso de la que será tu futura imagen y a escoger los alimentos que más te convienen para tu salud y tu línea desde un convencimiento racional y profundo.

No te obsesiones. Ganar el pulso a la báscula es cuestión de tiempo.

Visualiza tu futura imagen

Si ya tienes claro qué es lo que quieres y en cuánto tiempo lo vas a conseguir, es el momento de practicar la técnica de la visualización.

Imagínate a ti misma tal y como te gustaría ser y con tanto detalle como sea posible. Visualiza la escena claramente, pon acción y colorido a lo que imagines. Experimenta positivamente las sensaciones que asocias a tu imagen deseada, tu futuro yo.

Practica este ejercicio durante quince segundos varias veces al día (aprovecha cuando la actividad que estés haciendo te permita volar la imaginación) y piensa que no estás fantaseando con un imposible, que no es una película de ciencia ficción. Por el contrario, reafírmate en la idea de que la situación que imaginas será el resultado final del proceso que estás empezando.

Pon fin a la compulsión

¿Has abierto alguna vez una tableta de chocolate y no has podido parar hasta casi acabártela? ¿Eres de las que no pueden dar un paseo sin entrar en una pastelería y comprar un dulce? ¿O, simplemente, abres la nevera y comes cualquier cosa, impulsada por una extraña e inevitable necesidad de llevarte algo a la boca?

Las situaciones descritas son ejemplos de conducta alimentaria compulsiva. Si la padeces, debes saber que comer por compulsión no es más que un error de la mente, un fallo de programación. Se trata, pues, de descodificar ese error para que la compulsión desaparezca.

Primero, debes tener claro que eliminar la compulsión de tus hábitos alimenticios sólo va a reportarte beneficios, que se traducirán a su vez en mejor salud y en una figura más esbelta.

De nuevo es necesario que intervengas conscientemente en el proceso para asegurar el éxito. Piensa en la comida que más te gusta, aquella a la que no puedas resistirte: galletas, chocolate, snacks... Está a tu alcance: un pastelito dulce y apetitoso, con su delicioso sabor a vainilla, recubierto de chocolate o relleno de crema... Una auténtica tentación. ¿Cómo podrías resistirte? Imagina ahora que el pastel empieza a aumentar de tamaño. La masa crece y crece hasta hacerse enorme, gigantesca. Ya no puede crecer más y de repente explota y se expande por todas partes.

Trucos para adelgazar

- Intenta **beber** al menos dos litros de agua al día.

- Evita el alcohol, sobre todo los cócteles; tienen mucho azúcar.

- Empieza el día con un **buen desayuno**, es la comida más importante del día. Puedes tomar cereales integrales, zumos, tostadas integrales con queso fresco, yogures, fruta fresca...

- Distingue entre hambre y apetito: la primera es la señal de que tu cuerpo necesita energía y la segunda indica más bien el deseo caprichoso que sentimos de comer algo en especial, particularmente cuando no lo

necesitamos. Aplica la técnica mental para superar la compulsión y comer sólo cuando tu organismo necesite realmente energía para funcionar correctamente.

• Si tienes ganas de comer algo dulce toma frutos secos (sin abusar), caramelos de gelatina, regaliz, etc.

• Puedes comer sin límite **zanahorias, tomates, fresas y kiwis**.

• Deja los fritos y las grasas animales, sobre todo los embutidos.

• Evita picar mientras cocinas.

• Media hora antes de cada comida bebe agua. Hacerlo mientras comes diluye demasiado el bolo alimenticio y dificulta la digestión.

• Siéntate para comer y no empieces a hacerlo hasta que estés relajada y en la mesa.

• Espera a que tu cuerpo te informe del momento en que está saciado. Pueden pasar unos veinte minutos hasta que el cerebro reciba la información de que el estómago está lleno.

• Comer **lentamente** y masticar bien es muy aconsejable para no comer más de la cuenta y garantizar una buena digestión.

• Nunca vayas a comprar al súper con el estómago vacío. Puedes caer en la tentación de comprar alimentos «prohibidos».

• Una buena manera de cocinar sin grasa y mantener las vitaminas de los alimentos es cocinar **al vapor**.

• Sírvete la comida en un plato de color azul y verás cómo te llenas antes. También es efectivo si utilizas un plato de postre.

• Controla el proceso: observar cómo vas consiguiendo paso a paso tu objetivo es una excelente motivación para seguir adelante. Un control semanal es lo más adecuado, pero no te obsesiones con la báscula: pesarte continuamente puede llevarte a error dadas las variaciones de retención de líquidos a lo largo del ciclo menstrual.

Al principio del proceso de adelgazamiento es preferible que compruebes tu imagen en el espejo o veas cómo la ropa empieza a quedarte grande para sentirte satisfecha de tus avances.

No se trata de renunciar a los placeres del paladar, sino de saber elegir lo que comes.

Practica este ejercicio mental cada vez que te asalte el impulso; podrás resistirlo la mayoría de las veces. Finalmente llegarás a comer pasteles, bombones o cualquier otra cosa de manera no compulsiva: el apremio descontrolado que te impulsaba a ingerirlos desaparecerá.

Escoge lo más sano

La comida es uno de los mayores placeres de la vida y no tienes por qué renunciar a él. El problema viene cuando optas por la manera de alimentarte que perjudica a tu cuerpo y a

tu salud. De este modo, puedes llegar a asociar la comida con sentimientos de culpa y frustración, con lo que tanto tu salud como tu imagen se resienten.

Para romper las cadenas que te atan a una dieta incorrecta, debes empezar por comprender que los alimentos no son algo completamente ajeno a tu cuerpo, sino que acaban formando parte de él. Tu organismo los asimila, tus células y tejidos se nutren de ellos, forman parte de tu ser.

La sabiduría popular dice, con mucha razón, que somos lo que comemos. ¿Por qué nos resulta entonces tan difícil seguir una alimentación sana y equilibrada? En este punto puedes estar pensando: «Sé que una ensalada es más sana que una hamburguesa, pero ésta me apetece más. ¿Voy a pasarme la vida renunciando a lo que me gusta?»

No se trata de que renuncies para siempre a los placeres de paladar, por supuesto, sino de saber elegir lo que comes, dependiendo de tus necesidades y de la situación en que estés. Haz el siguiente ejercicio y, si lo practicas con constancia, acabarás eligiendo la alternativa que más te conviene con placer y sin sacrificio:

Imagina que estás en casa un domingo por la mañana. Te dispones a desayunar y te apetece con delirio unos churros con chocolate, así que decides preparártelos y te das el festín. Hasta aquí, todo bien, pero imagina ahora que han pasado veinte minutos desde que te acabaste el último churro. Mira tu estómago y piensa en su contenido: los churros con chocolate, descompuestos por los ácidos estomacales, están liberando gran cantidad de grasas que tu organismo debe metabolizar. Parte de ellas, inevitablemente, inicia su fatídico viaje hacia los tejidos adiposos de tus muslos, de tus piernas y barriga...

Ahora prueba a imaginar que puedes retroceder en el tiempo: en lugar de chocolate con churros te has preparado un zumo de naranja y unas tostadas con queso fresco. Los efectos en tu cuerpo, una vez ingeridos, son muy diferentes. Tu organismo absorbe minerales, vitaminas y, lo que es más importante, no hay grasas amenazando con instalarse en tus caderas en forma de temible celulitis.

Una pieza de fruta es la mejor opción para «matar el hambre» entre comidas.

Dietas equilibradas y ejercicios

Son tus principales armas para hacer frente
a la celulitis y a la temida «piel de naranja».
Te descubrimos deliciosas recetas para
eliminar las toxinas y grasas acumuladas,
y ejercicios específicos para tonificar tu
cuerpo.

Las claves
de una dieta sana

Constantemente aparecen dietas que aseguran ser las únicas que consiguen una figura esbelta, lo que implica un cuerpo sin rastro de celulitis. Algunas de ellas son poco sensatas y, aunque provoquen una rápida pérdida de peso, privan de importantes sustancias nutritivas. Por otro lado, las llamadas «dietas de choque» pueden dar resultados en un plazo relativamente corto, pero éstos nunca son duraderos. Pero no desesperes, puedes conseguir los objetivos que deseas (reducir y controlar la celulitis) corrigiendo tu alimentación.

La clave de una dieta para combatir la celulitis consiste en obtener la máxima cantidad de nutrientes de los alimentos con las mínimas calorías y, por tanto, reducir los alimentos ricos en grasas y calóricos. Lograrlo no es tan difícil. En realidad, basta con que sigas unas cuantas pautas e inviertas algo de tiempo y esfuerzo en cuidar lo que comes.

Ten muy en cuenta, además, que el éxito de una dieta radica en el cambio gradual del tipo de alimentación. No lo intentes hacer de la noche a la mañana; el radicalismo te puede llevar al fracaso. Hazlo poco, sustituye gradualmente determinados alimentos por otros más sanos y ligeros: los fritos por los asados o a la parrilla; la leche entera por la descremada; la carne grasa por la carne magra; la carne roja por pollo o pescado; el azúcar y los dulces en general por frutas; el café por zumos de fruta o infusiones, y la sal común por

Recuerda

• Una alimentación excesiva o inadecuada favorece la celulitis.

• No existe una dieta anticelulítica universal.

• Si quieres perder peso, mejorar tu circulación sanguínea y afinar el aspecto de tu piel mediante una dieta debes hacerlo **paulatinamente** y con constancia.

• Es preferible que **modifiques tus hábitos dietéticos** hacia una alimentación más sana que no realizar regímenes muy estrictos y que duren un corto periodo de tiempo, tras el que se vuelve a las malas costumbres dietéticas.

• Se puede realizar una dieta de **desintoxicación**, asesorada por un profesional, siempre y cuando después se establezcan pautas dietéticas y nuevos hábitos de alimentación saludables.

• Es importante mantener una **actividad física regular**, ya sea andar una hora o ir al gimnasio 3-4 veces a la semana.

El cambio a una alimentación sana debe hacerse de forma gradual.

sal marina o por hierbas frescas y especias. Poco a poco disfrutarás con el cambio y las nuevas comidas, y cuando empieces comprobarás lo bien que te sienta tu nueva manera de comer. Estarás más habituada y, por supuesto, motivada.

Pon en acción los mecanismos mentales (explicados en el capítulo anterior) que te ayudarán a conseguirlo. Si lo haces, seguro que lograrás tu objetivo. Únicamente necesitas tomártelo en serio y, sobre todo, tener paciencia y constancia. El secreto está en tener claro que

si pretendes luchar de verdad contra la celulitis tendrás necesariamente que vigilar tu dieta.

Así que si estás mentalmente preparada para ganar la batalla a la piel de naranja, no debes olvidarte de practicar una vida sana —es muy importante que no estés demasiado tiempo sin moverte—, realizar ejercicio físico y seguir una alimentación racional. Piensa que si adquieres estos hábitos estarás invirtiendo en ti misma y muy pronto te convencerás de que éstos son beneficiosos y, como lo notarás, te sentirás mejor contigo misma.

hambre. Ninguna dieta, absolutamente ninguna, da buenos resultados cuando se pasa hambre. En líneas generales, puede decirse que el problema no se encuentra tanto en lo que se come sino en cuánto se come e, incluso, que se puede comer casi de todo —en su justa medida, por supuesto— siempre que se trate de productos naturales.

Evita el consumo excesivo de los alimentos sometidos a un proceso industrial. Comer habitualmente estos productos hace que el cuerpo acabe falto de las suficientes vitaminas y minerales, que sí aportan los alimentos frescos y, por contra, acumula un exceso de sustancias perjudiciales para la salud, como muchos aditivos.

Antes de empezar un régimen

Comer es un placer pero, sobre todo, una necesidad. No sólo se trata de satisfacer el paladar, sino de aportar nutrientes al organismo. Lo importante no es que comas lo que te gusta, sino lo que necesitas. Seguir una dieta equilibrada y sana es fundamental para tu organismo, y además acabarás teniendo mejor aspecto.

Por otra parte, debes saber que reducir el apetito artificialmente no conduce a nada y, además, puede resultar peligroso, pues se crea una falsa situación que obliga de un modo u otro a «engañar» el hambre. El resultado es una mala nutrición. Así empiezan los verdaderos problemas de salud.

Antes de empezar cualquier régimen, debemos advertirte que no tienes que pasar

Las vitaminas

• Las vitaminas son **nutrientes fundamentales** para tu organismo. Son necesarias en pequeñas cantidades para que nuestro organismo funcione correctamente y evitar enfermedades deficitarias.

• No tienen por qué faltarte si llevas una dieta equilibrada, pero en el caso de que tengas alguna carencia, puedes compensarla con complementos vitamínicos. Consulta a tu especialista, no los tomes según tu criterio; podría ser mucho peor el remedio que la enfermedad.

• Muchas vitaminas son destruidas por el calor, así que los mejores métodos para cocinar son la **cocción con poca agua o al vapor**.

• Es muy importante consumir **alimentos frescos**. Las vitaminas también se pierden cuanto más tiempo pasa desde la recogida de los alimentos hasta que se consumen.

• Los procesos de industrialización comportan pérdidas significativas de vitaminas y minerales.

Consume productos frescos y de calidad, a ser posible de cultivo ecológico y deja la comida precocinada, que no aporta suficientes vitaminas ni minerales necesarios para las correctas funciones de nuestro organismo y aporta excesiva grasa (acaba en tus cartucheras).

Las prisas matutinas, llegar tarde al trabajo o llevar a los niños al colegio hacen que a menudo se olvide la importancia de tomar un buen desayuno, la comida más importante del día. Comer algo muy ligero por la mañana, para luego hincharse al mediodía y por la noche es lo más alejado de una alimentación equilibrada. El sistema digestivo no está preparado para esta sobrecarga y los alimentos no pueden ser digeridos completamente por el organismo, que se ve incapaz de absorber los minerales y las vitaminas que necesita. Además, tampoco puede eliminar adecuadamente de la sangre las materias que resultan nocivas.

Con este tipo de alimentación, tanto el estómago como los riñones y el hígado se encuentran constantemente sobrecargados, lo que conduce a que las materias nocivas se vayan asentando en el cuerpo, preferentemente en las células grasas. Como ves, éstas son las condiciones perfectas para el desarrollo de la celulitis.

Otro hábito negativo en el que caen muchas personas es en beber bastante menos líquido del que el cuerpo necesita. El organismo precisa mucha cantidad de agua para que se eliminen al máximo la sustancias perjudiciales a través de la orina y las deposiciones. Todo el mundo debería beber al menos dos litros al día, preferentemente de agua mineral, zumos de frutas o té. Si no se aporta este mínimo de líquidos diario, los riñones no pueden desempeñar bien su trabajo, con lo que la sangre se espesa. Beber poco, por tanto, también favorece la celulitis.

Desintoxícate primero

Una buena manera de empezar una dieta anticelulítica es limpiando nuestro organismo primero. Lo mejor para desintoxicar nuestro
cuerpo es evitar los alimentos de origen animal durante unos días. Lo mejor es hacerlo
durante el fin de semana, pues es cuando nos
sentimos más relajados. Es recomendable
que lo sigas haciendo luego, cuando ya hayas
conseguido una figura más esbelta, una vez al
mes. Te ayudará a mantener a raya la celulitis.

A continuación encontrarás distintas posibilidades para depurar tu organismo. Lo más
importante es que, además de comer, bebas
como mínimo dos litros de líquido al día, ya
sea agua o infusiones.

Dieta del zumo

Bebe 1 l de zumo de fruta
natural o de
verduras
cinco veces al día.
Toma además
agua o infusiones.

Dieta de la fruta y la verdura

Toma entre 1 kg y 1,5 kg de fruta
y/o verdura a lo largo del día.

Dieta del arroz

Utiliza arroz integral. El potasio y el magnesio del arroz limpian el intestino. Cuece una parte de arroz por dos de agua.

Comida
Rissoto de zanahoria
Hierve 70 g de arroz durante 45 minutos.
A los 35 minutos de cocción añádele 2 zanahorias peladas y troceadas.

Desayuno
Macedonia de arroz con manzana
Cuece 50 g de arroz y añádele
1 manzana pelada y troceada. Cuando esté listo añade un poco de canela y zumo de limón.

Cena
Arroz con espinacas
Pon al fuego 75 g de arroz durante 45 minutos.
Una vez hervido añádele 100 g de espinacas. Salpimiéntalo al gusto.

También puedes ayudar a depurar tu organismo tomando infusiones que ayuden a eliminar las toxinas que se han ido almacenando. Algunas infusiones que ayudan a eliminar pueden ser:

• **Cardo mariano.** Contiene el compuesto activo silimarine, que es una forma única de flavonoide con capacidad antioxidante, que ayuda a proteger el hígado del daño producido por los radicales libres. Estimula la producción de nuevas células hepáticas y purifica la sangre.

• **Boldo.** La infusión de esta planta se recomienda cuando hay un funcionamiento deficiente del hígado debido al exceso de tóxicos. Se recomienda también en casos de digestión débil. Ejerce un efecto estimulante de la secreción salival y gástrica.

• En tiendas de herboristería y de dietética se pueden encontrar productos para este fin, incluso existen preparados de algas para ayudar a eliminar los tóxicos de nuestro cuerpo.

Vigila las calorías

Nuestro organismo precisa de una cantidad mínima de calorías diarias para funcionar correctamente. Cuando se toman menos de las necesarias se adelgaza, ya que el cuerpo utiliza las materias que tiene almacenadas como reserva, es decir, la grasa. Por otra parte, si a eso le añades el gasto calorífico que representa un sobreesfuerzo como el que se produce al hacer ejercicio, te darás cuenta de lo importante que es, además de no excederse en el consumo de calorías, quemarlas mediante el ejercicio físico.

Recuerda, sin embargo, que cuando hay un exceso de calorías ocurre lo contrario: las calorías excedentes se acumulan en forma de grasas, lo que implica un aumento de peso ¡y de celulitis!

Cada alimento tiene una cantidad determinada de calorías, pero no hay que caer en el error de basar una dieta exclusivamente en el número de calorías consumidas, prescindiendo así radicalmente de los alimentos que más tienen, pues en ocasiones éstos cuentan con sustancias indispensables para la salud, como ácidos grasos, vitaminas, sales minerales y fibra.

Ten en cuenta que la necesidad de calorías varía de una persona a otra en función de numerosos factores, como el género, la constitución corporal, la altura, el tipo de trabajo, la edad o el clima (quienes viven en zonas frías

Para mantener el peso ideal es fundamental controlar las calorías que consumimos.

Diferencias de género

- Las **mujeres** tienen un 25 % de grasa corporal y un 35 % de masa muscular. Una mujer que trabaja en una oficina suele necesitar entre 2000 y 2200 calorías al día.
- Los **hombres** tienen un 18 % de grasa corporal y un 45 % de masa muscular. Un hombre que trabaja en una oficina suele necesitar al día entre 2400 y 2600 calorías. Que el hombre requiera más es debido al metabolismo de sus músculos.

Así, teniendo en cuenta todo lo anterior, resulta lógico que cualquier dieta de adelgazamiento se base en equilibrar las calorías, lo que puede lograrse comiendo menos (reduciendo calorías) o gastando más (haciendo más ejercicio físico). Una combinación de estos dos factores es lo mejor que puedes hacer para acabar con tu celulitis y los odiosos michelines.

Por otra parte, aunque la cantidad de calorías depende fundamentalmente de cómo se combinan los diferentes alimentos, te será de gran ayuda conocer el valor energético de los más habituales.

Y, dispuestas a quemar calorías, fíjate en cuántas eliminamos al realizar ciertos deportes y actividades cotidianas durante 30 minutos.

han de gastar más energía para mantener la temperatura de su cuerpo). Por eso, a la hora de alimentarte debes ceñirte siempre a si tienes hambre o no. ¡Pero no lo confundas con las ganas de darte un festín de chocolate! Y repetimos una vez más que para que un régimen tenga éxito no basta con prescindir de tomar alimentos con muchas calorías, pues algunos son esenciales para una buena nutrición.

Gasto energético

ACTIVIDAD	GASTO CALÓRICO (kcal) POR PESO (Kg) Y TIEMPO (30 min)		
	55 Kg	68 Kg	90 Kg
AEROBIC	276	345	461
BALONCESTO	226	282	376
IR EN BICI A 10 Km/h	105	131	174
BAILE LENTO	83	104	139
BAILE RÁPIDO	275	343	458
CORRER A 8 Km/h	221	276	378
CORRER A 12 Km/h	315	396	525
NATACIÓN	210	461	349
ANDAR A 5 Km/h	103	129	172
SUBIR ESCALERAS	235	294	394
ESQUIAR (ALPINO)	140	180	225

Calorías por cada 100 g de alimento

Aceite vegetal	900	Garbanzos	330	Pan blanco	255
Aceitunas	185	Guisantes	76	Pan integral	180
Acelgas	28	Higos	65	Pasta	370
Aguacate	135	Huevos	150	Patatas	80
Almendras	575	Judías blancas	285	Pepino	12
Arroz	360	Judías verdes	30	Pera	40
Avellanas	565	Leche entera	65	Pimiento	20
Berenjena	23	Leche desnatada	34	Piña	45
Cacahuetes	580	Lechuga	14	Plátano	45
Cebolla	25	Lentejas	315	Queso fresco	330
Cerezas	57	Limón	6	Queso curado	425
Cerveza	32	Mandarina	36	Sandía	19
Ciruelas	43	Mantequilla	750	Tomate	18
Coñac	235	Manzana	45	Turrón	470
Chocolate con leche	535	Margarina	745	Uva	62
Chocolate negro	520	Melocotón	36	Vino de mesa	76
Espárragos	15	Melón	25	Vino dulce	255
Espinacas	18	Naranja	36	Whisky	235
Fresas	34	Nata	475	Yogur	80
Galletas	435	Nueces	600	Zanahoria	32

Grupos de alimentos necesarios para combatir la temida celulitis

Cereales y féculas

Los hidratos de carbono constituyen la principal fuente de energía de nuestro organismo. Actualmente, debido a la preocupación por tener un «cuerpo 10» este grupo de alimentos tiende a ser más bajo de lo que sería necesario, aumentando el consumo de proteínas sobre todo de origen animal. Este cambio proporciona más riesgos para nuestra salud, como un aumento del colesterol malo, entre otros. Es importante destacar su importancia tanto para mantener el peso como para seguir una dieta de adelgazamiento.

No hay que olvidar las temidas patatas. Éstas son una buena fuente de hidratos de carbono y pueden incluirse perfectamente dentro de un programa de adelgazamiento. Tienen muy pocas calorías y grasa, además son ricas en potasio y cobre, ideales para mantener la elasticidad de los tejidos. También son ricas en fibra. En realidad, su contenido en agua (70 %) las sitúa a medio camino entre el grupo de los cereales y el grupo de las verduras y hortalizas.

Cereales integrales

ARROZ INTEGRAL

El arroz es el cereal que más se consume. Forma parte de la base de la dieta de la mitad de la población mundial. Existen diferentes variedades según el clima y la cualidad del suelo de cultivo. De entre sus propiedades destaca que es muy digestivo, lo que lo hace adecuado para todas la edades. El arroz blanco, al haber pasado por un proceso de refinado pierde gran parte de sus vitaminas del complejo B, minerales y fibra. Según la filosofía china, este cereal refuerza el bazo y nutre el estómago. Es el cereal idóneo para las dietas de adelgazamiento.

AVENA

Es un alimento nutritivo y energético que proporciona fuerza y vitalidad. Estimula el funcionamiento de las glándulas tiroideas y mejora la resistencia al frío. Es muy rico en vitaminas (sobre todo del grupo B), minerales como el zinc, fibras y grasas beneficiosas para la salud, por lo que lo hace un cereal muy recomendable en las dietas de control de peso.

Una buena y saludable alternativa es desayunar todos los días fruta fresca, copos de avena (2-3 cucharadas soperas) y leche desnatada, kéfir, yogur o bebida de soja o de arroz. Es un cereal muy versátil con el que se pueden hacer riquísimas cremas de verduras. Existe la dieta de la avena para ayudar a eliminar toxinas de nuestro cuerpo y perder esos quilos que tenemos de más.

CEBADA

Es el cereal conocido desde más antiguo. Tiene propiedades diuréticas. Es muy rico en calcio, fósforo y potasio, por lo que tiene una acción remineralizante. Se aconseja consumir la cebada mondada, ya que la perlada ya está refinada.

CENTENO

Este cereal debe ser consumido en forma de pan, al tener una cáscara muy dura y de difícil digestión. Tiene la propiedad de que flexibiliza los vasos sanguíneos, por tanto es importante que lo tomen aquellas personas que presentan enfermedades vasculares (hipertensión, varices…).

MIJO

Es el alimento base de buena parte de África, China, el sur del Himalaya y toda la Europa del este. Es un cereal muy recomendable contra la fatiga intelectual y la anemia por su elevado contenido en vitaminas y minerales como el fósforo y el hierro. Es un buen regulador del azúcar en sangre.

QUINOA

A diferencia del resto de cereales, es muy rico en proteínas. No contiene gluten y posee multitud de vitaminas y minerales muy beneficiosos para la salud.

TRIGO

Lo encontramos en copos, harina, salvado, pasta, cuscús, seitán (proteína del trigo). Es un cereal remineralizante por poseer una gran riqueza de nutrientes.

MAÍZ

Es el cereal más rico en lípidos, por lo que muchas personas lo excluyen de su alimentación. A pesar de ello, contiene muchas vitaminas y minerales y es un cereal que combina muy bien en muchos platos: sopas, ensaladas, tartas (con harina)…

Alimentos ricos en proteína de origen vegeta

LEGUMBRES
• Lentejas

• Garbanzos

• Frijoles, judías
azukis y judías
mung

SOJA Y DERIVADOS
• Tofu (queso de soja): se obtiene del cuajo de
la leche de soja. Es rico en proteínas (contiene los ocho aminoácidos esenciales) y
de fácil asimilación. Se puede utilizar como complemento de gran
número de platos o por sí solo.
Se puede agregar a sopas o cor-
tar en lonchas y aliñar con tamari (salsa de soja). También se
pueden elaborar hamburguesas

vegetales con verduras y algas o mezclar con
zumos de frutas...

• Tempeh: se obtiene mediante fermentación
con calor. Se presenta en piezas rectangulares
y compactas.

• Protina: posee un elevado contenido en
aminoácidos perfectamente asimilables, equipa-
rable a la proteína de origen animal.

• Seitán: es un producto obtenido de la
proteína del trigo. Con él se pueden elaborar
platos muy
nutritivos: estofados
de seitán y
verduras, libritos
de seitán y queso,
brochetas de seitán
y verduras...

Carnes, huevos, pescados
y sustitutos cárnicos
No debemos olvidar este grupo, importantísimo para la función estructural (síntesis protei-
ca corporal) y funcional de nuestro organismo. El consumo de proteínas nos ayudará a
mantener la masa muscular y reafirmar los tejidos. Una dieta pobre en proteínas favorece
la retención de sodio y agua en los tejidos.

Se recomienda no abusar de carnes rojas
(máximo una vez a la semana) y consumir
más carnes magras y pescados blancos y
azules (éstos máximo dos veces por semana).

Consumir proteínas de origen vegetal nos ase-
gurará un menor aporte de grasas saturadas,
nada recomendables para nuestra salud.

Grasas
Son un grupo de nutrientes altamente energéticos. Contrariamente al mito popular, el cuerpo necesita grasas, aunque debemos procurar tomar las correctas, que nos aportarán
múltiples beneficios.

Es importante diferenciar dos tipos de
grasas en la dieta: las saturadas y las insaturadas.

Por una parte, las grasas saturadas se encuentran principalmente en los alimentos de
origen animal (carnes, huevos, productos lácteos enteros...). Su consumo debe ser mode-
rado. Un exceso de grasas saturadas pueden
aumentar los niveles de colesterol malo (LDL-
colesterol).

FRUTOS SECOS

Además de contener grasas beneficiosas para nuestro organismo también son una importante fuente de proteínas y de hidratos de carbono. Contrariamente a lo que se cree, un aporte diario en nuestra dieta de este grupo de alimentos favorece el mantenimiento de nuestro peso e incluso es muy recomendable introducirlos en un plan dietético para adelgazar. Si los sustituimos por otros alimentos ricos en grasas, mejoraremos el equilibrio de la dieta, manteniendo estable la aportación energética total. Pueden dar un toque decorativo en las ensaladas y formar parte de una merienda o un postre. Los frutos secos más recomendables son las nueces, las almendras y las avellanas.

Las grasas insaturadas son más beneficiosas para la salud del organismo. Entre ellas diferenciamos las grasas monoinsaturadas (aceite de oliva), y las grasas poliinsaturadas (en los pescados azules).

Hay un grupo de ácidos grasos, que se llaman esenciales. Éstos, son ácidos grasos poliinsaturados que no pueden ser sintetizados por nuestro organismo y que la única manera de obtenerlos es a través de la dieta. Estos ácidos grasos esenciales son los famosos Omega-3 y Omega-6.

Consumo de ácidos grasos

Nuestro consumo de ácidos grasos debería repartirse de la siguiente manera:
- 1/3 de ácidos grasos saturados
- 1/3 de ácidos grasos monoinsaturados (Omega-9: el ácido oleico, presente en el aceite de oliva principalmente)
- 1/3 de ácidos grasos poliinsaturados

Un correcto aporte de ácidos grasos esenciales favorece un buen equilibrio del organismo y un correcto metabolismo.

Ácidos grasos esenciales

Omega-6: está formado por ácido linoleico y ácido gamma linoleico (GLA). Las fuentes naturales de estos ácidos grasos son: las semillas oleaginosas, frutos secos, aceite de hígado de bacalao y los aceites de primera prensión en frío (girasol, soja, maíz, lino y especialmente las semillas de onagra y de borraja).

Omega-3: están formados por el ácido eicosapentaenoico (EPA) y el ácido docosahexaenoico (DHA). Las fuentes naturales se encuentran en aceites de primera prensión en frío de germen de trigo, nuez, lino y colza y también en el pescado azul.

FRESAS

Tienen muy pocas calorías y son ricas en fibra, flavonoides y minerales. Además contienen manganeso (que estimula el metabolismo) y potasio (que activa el drenaje).

KIWI

Contiene mucha vitamina C y favorece el tránsito intestinal. Apenas tiene calorías y sí mucho potasio y magnesio. Su alto contenido en fibra regula el colesterol.

CEREZAS

Además de satisfacer las ganas de comer dulce, esta fruta es baja en calorías y posee un efecto diurético (tiene muy poco sodio).

Grupo de leche y derivados lácteos

Las proteínas de la leche son de elevado valor biológico, es decir, contienen todos los aminoácidos esenciales necesarios para la construcción de nuestros propios componentes protéicos.

Con la fermentación de la leche, la lactosa se transforma parcialmente en ácido láctico, obteniéndose el yogur. Éste, se produce por acidificación de la leche. Es un gran alimento a nivel nutricional, porque además de contener proteínas de alto valor biológico, es fácil de digerir y ayuda a restablecer la flora intestinal.

También encontramos otros derivados de la leche como el kéffir y el queso.

Este grupo de alimentos es preferible consumirlos bajos en grasa, por su elevado contenido en grasas saturadas.

Frutas

Su consumo es muy importanteporquenos aportan vitaminas y minerales. De todas ellas hay algunas que son más recomendables para combatir la celulitis. La cantidad de hidratos de carbono que poseen las frutas es bastante elevada respecto al grupo de verduras, ello las convierte en alimentos más energéticos. Estos hidratos de carbono están formados principalmente por fructosa y sacarosa por lo que son azúcares de fácil absorción. Sólo puede encontrarse almidón (carbohidrato complejo) en el plátano poco maduro.

a eliminar la celulitis

POMELO

Contiene gran cantidad de vitamina C y potasio. Tiene propiedades limpiadoras del organismo. Para hacerlo más ape-tecible al paladar lo puedes mez-clar con man-go o con naranja.

PIÑA

Contiene vitamina C y bromelaína, una enzima que favorece la digestión de las proteínas. Además, es una fruta muy diurética.

(*) Recuerda que no debes abusar de comer frutas, ya que contienen muchos azúcares.
Se recomienda consumir unas tres piezas de fruta al día.

Verduras y hortalizas

Son alimentos en general con un bajo contenido en calorías, ya que casi un 80 % de su composición es agua. Nos aportan vitaminas y minerales y una considerable cantidad de fibra vegetal.

Al cocinar este grupo de alimentos se mejora su digestibilidad pero desde el punto de vista nutricional pierden sustancias bioactivas. Para limitar estas pérdidas deben cocinarse con poca agua, no muy cortadas y en una cocción muy corta.

Algunas verduras y hortalizas que ayudan a eliminar la celulitis

PUERRO
Bajo en calorías y muy depurativo y diurético.

APIO
Posee propiedades diuréticas.

CEBOLLA
Tiene propiedades diuréticas y además mejora los niveles de colesterol HDL (colesterol bueno).

TOMATE
Los tomates contienen potasio, magnesio, zinc y betacaroteno. Estos minerales son ideales para mantener la línea. De los betacarotenos el más abundante es el «licopeno», muy conocido por sus efectos anticancerígenos (es un potente antioxidante).

ZANAHORIA
Tiene un alto contenido de betacaroteno, magnesio y mucha fibra. Prepara la piel para el bronceado y además protege frente a los radicales libres (acción antioxidante)

ESPINACA
Contiene muchas vitaminas del grupo B y muchos minerales, además de abundante fibra.

(*) Se recomienda consumir al día dos platos de verdura, al menos uno de ellos en forma cruda (en ensalada). Por la noche es preferible comer la verdura cocida, al vapor, a la plancha... Es más fácil de digerir la verdura cocida que cruda y, a veces, cenar ensaladas puede favorecer la retención de líquidos.

Verduras y hortalizas
aportan pocas calorías
y muchos nutrientes
a la dieta.

Algas: las verduras del mar

Las algas, ingrediente culinario de algunas regiones de Oriente como Japón, China, Nueva Zelanda… desde tiempos remotos, poseen un gran potencial a nivel nutricional.

Estas verduras del mar contienen gran cantidad de vitaminas y minerales que las hacen sumamente beneficiosas. Además, otra de las propiedades que presentan es su capacidad de favorecer la eliminación de meta-

Principales algas para uso culinario

KOMBU

Es una de las algas que contiene más yodo. Es rica en ácido algínico, lo que la hace muy recomendable en las dietas depurativas. Se come hervida en sopa, y como guarnición de pescados y verduras. Como peculiaridad es bueno saber que tiene la propiedad de reducir el tiempo de cocción de las legumbres, mejora su sabor y digestibilidad.

NORI

Es una de las más ricas en proteínas, calcio, hierro y potasio. También presenta un alto contenido en vitamina C y B_1 y es especialmente rica en vitamina A. Con ella se elaboran los típicos sushis (rollitos de arroz y verduras).

HIZIKI

Contiene gran cantidad de calcio y otros minerales y oligoelementos que equilibran el sistema y regulan el nivel de azúcar en la sangre. Quedan muy bien en salteados de verduras, combinados con cereales y en platos con proteínas vegetales.

WAKAME

Muy rica en vitaminas y minerales, es un alga muy recomendable para los problemas circulatorios y además es una excelente protectora de las enzimas digestivas. Es muy recomendable cocinarla para hacer sopas, ensaladas, salteados, con legumbres…

DULSE

Es el alga más rica en hierro, además de que contiene gran cantidad de potasio, magnesio, yodo y fósforo. Es una alga muy recomendable para purificar la sangre. Es muy rica combinada con platos de cereales o de verduras, y también en ensaladas.

AGAR-AGAR

Es rica en yodo y en oligoelementos. Posee suaves propiedades laxantes y depurativas que hacen ideal su consumo regular por personas con obesidad. Su capacidad de formar gelatina nos resulta muy útil para preparar riquísimos postres. Algunas de sus muchas posibilidades en la cocina son: gelatinas dulces o saladas, ensaladas, flanes, mousses, jaleas…

Podemos añadir algas a las recetas de siempre.

les contaminados y tóxicos de nuestro organismo. Esta función se debe a su contenido en ácido algínico, una sustancia que permite la expulsión natural de toxinas de nuestro cuerpo. Todas las algas contienen clorofila, sustancia que también nos ayuda a desintoxicar nuestro organismo.

Posee un efecto alcalinizante debido a su elevado contenido en minerales. Ayuda a depurar el organismo de los efectos ácidos propios de la dieta moderna.

Otra característica es su contenido en vitamina B_{12}, aunque no hay que considerarla una fuente fiable, ya que se encuentra en pequeñas cantidades. Esta vitamina es difícil de obtener a través de los alimentos de origen vegetal.

Las verduras marinas contienen gran cantidad de minerales necesarios para nuestro organismo (calcio, hierro, yodo, potasio y magnesio) y, en menor cantidad, oligoelementos necesarios para realizar ciertas funciones esenciales. El yodo es un mineral difícil de obtener de otras fuentes que no sean las aguas marinas, y las algas lo contienen en gran cantidad.

Recetas para romper con las monótonas dietas

Como en la variedad está el gusto, te ofrecemos a continuación una serie de platos beneficiosos para la salud y la línea, que podrás preparar fácilmente y combinar para crear tus propios menús.

Observarás que todos tienen verduras y frutas como ingredientes principales. Además de ser deliciosas, proporcionan todos los nutrientes que tu organismo necesita. Consúmelas lo más frescas posible para que te aporten todas sus vitaminas.

Comiendo más frutas y verduras, además de adelgazar y verte más guapa, sentirás tu cuerpo más ligero. Si las compras procedentes del cultivo biológico, tu dieta todavía será más sana porque no habrán sido tratadas con pesticidas.

Desayunos

• Macedonia de frutos del bosque

Para **2** personas

> *100 g de grosellas*
> *100 g de frambuesas*
> *100 g de fresas*
> *40 g de compota de manzana*
> *250 g de yogur natural*
> *40 g de copos de avena*
> *canela*

Limpia las frutas del bosque. Si las fresas son grandes, córtalas por la mitad. Mézclalo en un cuenco junto al yogur, la compota de manzana y la canela. Añade los copos de avena.

Un extra de energía
Esta macedonia aporta sustancias antioxidantes como vitamina C y flavonoides, además de que contiene pectinas (fibra de la manzana) y probióticos (del yogur) que nos ayudarán a regular el tránsito intestinal. Los copos de avena, ricos en hidratos de carbono, proteínas, fibra, vitaminas y minerales nos aportan energía para empezar el día.

• Muesli de cítricos

Para **2** personas

> *60 g de muesli*
> *250 g de kéfir*
> *1 naranja*
> *1/2 pomelo*
> *15 g de pistachos troceados*

Pela las naranjas y los pomelos. Separa los gajos y quítales la piel. Mezcla el kéfir con el muesli. Añade los cítricos y decóralo con los pistachos troceados.

Aumenta las defensas
El kéfir contiene muchas bacterias beneficiosas para mantener nuestro sistema intestinal sano. Ayuda a combatir el estreñimiento y también refuerza nuestro sistema de defensas frente a posibles agentes externos. Los pistachos poseen un alto contenido en grasas insaturadas, que ayudan a reducir la tensión arterial y el nivel de colesterol y triglicéridos. Este fruto seco también mejora la sensibilidad a la insulina. Contiene gran cantidad de proteínas, vitaminas y un alto aporte de hierro y cobre (oligoelementos que combaten la anemia).

• Batido rosa de kéfir

Para **2** personas

   250 g de kéfir

   100 g de frambuesa

   40 g de compota

   de manzana

   150 ml de agua natural

   vainilla

Limpia las frambuesas. Mézclalas con el kéfir, el agua y la compota de manzana. Bátelo y espolvorea la vainilla por encima.

Bebida antioxidante

Las frambuesas son frutas ricas en vitaminas antioxidantes y poseen un bajo valor calórico.

• Muesli con yogur

Para **2** personas

60 g de muesli

100 g de fruta fresca

40 g de compota

de manzana

260 de yogur

vainilla

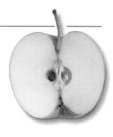

Limpia y trocea la fruta. Mézclala con el yogur. Añade el muesli y una pizca de vainilla en polvo.

Sin azúcar añadido

El muesli es preferible que sea sin azúcar añadido, ya que normalmente contiene avena, frutos secos y fruta seca, que ya son ricos en azúcares y grasas insaturadas.

• Macedonia tropical

Para **2** personas

2 kiwis

1/4 piña

100 g de uvas

250 g de requesón

100 ml de zumo de naranja

20 g de almendras troceadas

Pela y trocea los kiwis y la piña. Limpia la uva, quítale la piel y las pepitas y corta los granos por la mitad. Mezcla en un cuenco el requesón, la compota de manzana, el zumo de naranja y la mitad de las almendras. Añade la fruta y remueve. Decórala con el resto de la almendra troceada.

Vitamina C y fibra

Este plato es muy rico en vitamina C y fibra alimentaria (tanto de la fruta como de las almendras). Nos ayudará a desintoxicar el organismo y a regular el tránsito intestinal. Por su aporte en frutos secos también obtenemos ácidos grasos insaturados, beneficiosos para reducir el colesterol «malo». El requesón nos aporta proteínas de calidad y la piña nos facilita la digestión por su contenido en bromelaína.

• Pan de nueces con queso fresco

Para **2** personas

2 rebanadas de pan integral

con nueces

25 g de pipas de girasol

250 g de queso fresco

1/4 pimiento rojo o amarillo

rúcula

Unta las rebanadas de pan con el queso fresco. Limpia la rúcula y el pimiento y córtalo a láminas. Colócalo encima del queso fresco y decóralo con las pipas de girasol.

Energía sin grasas

El pan integral nos aporta hidratos de carbono, principal fuente energética del organismo. Al ser integral, nos aporta también vitaminas, minerales y fibras. Las pipas de girasol contienen grasas buenas y el queso fresco, proteínas con el mínimo de grasas saturadas.

• Zumo de cítricos

Para **2** personas

1 limón, 1 naranja, 1 pomelo rosa
1 cucharada de copos de avena
miel

Exprime el limón, la naranja y el pomelo y mézcla el zumo con la miel y los copos.

Depurativo y desintoxicante

Este zumo posee grandes propiedades desintoxicantes y depurativas por el alto contenido en vitamina C de las tres frutas cítricas, y por los hidratos de carbono complejos, las proteínas y la fibra de los copos de avena.

• Zumo de zanahoria y pera

Para **2** personas

300 g de zanahorias y 2 peras
1/2 limón
2 rodajas de piña natural
15 g de copos de avena
vainilla

Pela las zanahorias, las peras, la piña y el medio limón. Trocea y pasa por la licuadora o batidora. Añade los copos de avena y una pizca de vainilla.

Piel joven

Los betacarotenos de la zanahoria y la vitamina C de la piña y del limón actúan contra los antiradicales libres. La pera posee propiedades diuréticas.

Comidas

• Sushi vegetal

Para **2** personas

120 g de arroz

1 pepinillo

hojas de endibia

1 rábano

1 huevo

5 hojas de alga nori

100 ml de salsa de soja

20 ml de vinagre de arroz

1 cucharadita de wasabi

2 g de azúcar

sal

Cuece a fuego lento y con la olla tapada el arroz. Pasados veinte minutos agrega el vinagre de arroz, el azúcar y la sal y deja enfriar. Prepara con los huevos una tortilla y córtala a tiras. Limpia los pepinillos, la endibia y los rábanos y córtalos en láminas finas.

Corta las hojas de alga nori en cuadraditos. Coloca encima de éstas el arroz, las tiras de tortilla, los pepinillos, el rábano y la endibia con un poco de wasabi —ojo, pica muchísimo— y enróllalo. Sírvelo con un cuenco pequeño de salsa de soja.

El colesterol a raya

El alga nori tiene un elevado contenido en proteínas y grandes cantidades de vitamina C y B$_1$ además de ser especialmente rica en betacaroteno. Contribuye a disminuir el colesterol y ayuda en la digestión. Es un plato equilibrado, ligeramente laxante y diurético.

• Macarrones con espárragos

Para **2** personas

120 g de macarrones integrales

100 g de espárragos trigueros

1/2 pimiento

rúcula o diente de león

15 g de nueces picadas

30 g de queso de cabra rallado

aceite de oliva

azúcar

sal y pimienta blanca

Limpia los espárragos y corta con las manos la parte inferior, la que está dura. Córtalos en

90

• Ensalada de zanahoria, manzana y pepino

Para **2** personas

2 zanahorias

2 manzanas

1 pepino

aceite vegetal

vinagre de manzana

perejil, pimienta y sal

1 cucharadita de sésamo tostado

trozos grandes. Limpia y corta la rúcula o el diente de león en tiras anchas. Pela los pimientos y córtalos a dados.

Hierve los macarrones en agua salada. En otra olla, cuece los espárragos con una pizca de sal, azúcar y mantequilla. Mientras, unta una fuente con aceite y coloca en ella los pimientos.

A continuación, agrega la rúcula o el diente de león. Añade los espárragos y los macarrones. Salpiméntalo y cúbrelo con el queso y las nueces troceadas.

Sugerencia: gratina durante unos minutos en el horno para que el queso se funda.

Ralla la zanahoria, la manzana y el pepino a láminas finas. Aparte, para el aliño, mezcla el aceite, el vinagre, el perejil, la sal y la pimienta. Viértelo encima de la zanahoria, el pepino y la manzana y añádele el sésamo.

• Alcachofas a las finas hierbas

Para **2** personas

>   2 alcachofas
>
>   1 limón
>
>   hierbas aromáticas
>
>   100 g de yogur desnatado
>
>   5 ml de vinagre de manzana
>
>   sal
>
>   pimienta

Limpia el limón, córtalo a rodajas y hiérvelo en agua. Limpia las alcachofas y corta la parte superior de las hojas. Cuécelas en el agua de limón unos 20 minutos. Entretanto, limpia y pica las hierbas. Mézclalas con el yogur, la sal y la pimienta. Cuando las alcachofas estén listas, sírvelas con la salsa aparte.

Efecto saciante

Los alimentos amargos como las alcachofas o las endibias ayudan a desintoxicar el hígado. Además depuran la sangre y son diuréticos. La alcachofa es rica en vitaminas del grupo B y es muy recomendable en las dietas de adelgazamiento, por su gran aporte en fibra y su efecto saciante. Podemos acompañar estas alcachofas a las finas hierbas de pollo a la plancha o, si se prefiere un aporte protéico de origen vegetal, de unas brochetas de seitán y verduras.

• Nituké de verduras

Para **2** personas

>   100 g de puerros o cebollas
>
>   1 zanahoria y 1 calabacín
>
>   un puñado de algas arame
>
>   aceite de oliva y sal
>
>   tamari o salsa de soja y especias

Se corta las verduras a tiras finas más o menos iguales. Aparte, las algas se dejan en remojo con agua durante 10 minuto. Se saltean con aceite de oliva los puerros o las cebollas. Luego se añaden la zanahoria y el calabacín hasta que estén suficientemente cocidos pero aún crujientes. Añadir las algas. Se adereza con salsa tamari y especias al gusto.

Diurético

Los puerros y las cebollas presentan propiedades diuréticas, mientras que el aporte mineral de la alga arame puede ayudar a combatir la hipertensión. Este nituké puede acompañarse de un plato de cereales (cuscús, arroz integral…).

• Sopa fría de apio

Para **2** personas

>   1/2 cebolla
>
>   apio
>
>   miso blanco
>
>   1 tira de alga kombu
>
>   aceite de oliva
>
>   1 hoja de laurel
>
>   sal y agua

Saltea la cebolla con aceite y un poco de sal. Añade el apio lavado, cortado y sin hilos, el laurel y el alga kombu. Añade agua y hiérvelo durante 20 minutos. Tritura en la batidora con el miso. Sirve frío y decorado con maíz.

• Aperitivo griego

Para **2** personas

12 hojas de parra

200 ml de caldo vegetal

120 g de arroz

30 g de pasas de Corinto

40 ml de zumo de limón

30 g de queso feta

2 ramas de perejil fresco

15 ml de aceite

sal y pimienta

Cuece el arroz en agua, entre 20 y 40 minutos. Mezcla las pasas con el zumo de limón y déjalo reposar. Trocea el queso y pica el perejil. Vierte el arroz en una fuente y mézclalo con las pasas, el feta y el perejil. Salpiméntalo. Limpia las hojas de parra. Déjalas secar y rellénalas con el arroz. Enróllalas y sujétalas con un pali-

llo. Ponlas en una olla pequeña y vierte por encima el caldo vegetal. Deja cocer unos 30 minutos. Se pueden servir frías o calientes.

• Ensalada multicolor de quinoa y pickles

Para **2** personas

120 g de quinoa

lechuga

pickles y alcaparras

tomate

60 g de tofu o queso fresco

Hierve la quinoa con el doble de su volumen de agua unos 15 minutos. Deja enfriar. Corta la lechuga en juliana, y el tomate y el tofu o queso fresco a dados pequeños. Mezcla todos los ingredientes. Se puede servir con tahini.

Postres

• Ensalada de frutas con yogur desnatado

Para **2** personas

1/2 mango

1 naranja

1 yogur desnatado

15 g de nueces troceadas

10 g de pasas de Corinto

canela en polvo

Pela las frutas y córtalas en trozos pequeños. Después, añade el yogur desnatado, las nueces troceadas y las pasas de Corinto. Para servir, espolvorea canela por encima y preséntalo en copas individuales.

Un toque de canela

Postre rico en vitamina C gracias al mango y la naranja. El yogur aporta proteínas y bacterias benéficas, y las nueces, grasas insaturadas, vitaminas, minerales y fibra. Las pasas de Corinto lo endulza, y la canela le aporta sabor.

• Gelatina de kiwi

Para **2** personas

2 tazas de zumo de manzana

2 cucharadas soperas de copos

de Agar-agar

2 kiwis

Jengibre rallado

Hierve durante 10 minutos los kiwis con una parte del zumo de manzana. Pon en remojo las algas con el resto del zumo durante media hora y caliéntalo hasta que se disuelva. Mézclalo todo bien y sírvelo en copas individuales.

> ### Cóctel de salud
> El alga agar agar resulta excelente para la preparación de postres. Es una alternativa muy saludable que nos aporta vitaminas, minerales y fibra. Este postre con kiwi es muy rico en vitamina C.

• Sorbete natural de frambuesa

Para **2** personas

200 g de frambuesas congeladas

1 cucharada sopera de mermelada natural de frambuesa

30 ml de zumo de limón

20 g de fructosa

300 ml de agua

1 clara de huevo

Hierve durante 10 minutos el agua con la fructosa y déjala enfriar. Aparte, hierve también durante 10 minutos la fruta y el zumo de li-

món. Tritúrala y mézclala con el jarabe de fructosa y la mermelada. Resérvalo en el congelador durante 2 o 3 horas. A media congelación, remuévelo para evitar que se formen cristales. Cuando quede un granizado, monta la clara a punto de nieve con una pizca de sal y añadir a la mezcla. Vuélvelo a congelar. Sírvelo en copas individuales y, si lo deseas, adórnalo con una hojita de menta o con unas nueces troceadas.

> ### Algo distinto
> Es un postre atractivo, sano y muy nutritivo. Apropiado para romper la monotonía de las dietas.

• Manzanas asadas con salsa de kéfir, pasas de corinto y polvo de avellana

Para **2** personas

2 manzanas

125 g de kéfir

10g de pasas de Corinto

10g de avellanas trituradas

Quítale el corazón a las manzanas y ásalas al horno hasta que estén tiernas. Sírvelas con el kéfir, las pasas de Corinto y las avellanas.

> ### Fácil digestión
> La manzana asada es un postre de muy fácil digestión y bajo valor calórico. Además, el kéfir ayuda a regular el tránsito intestinal. Por último, las avellanas poseen una fuente importante de antioxidantes.

Antes y después de practicar

Para que el cuerpo responda bien al esfuerzo, antes de empezar cualquier ejercicio físico, por breve o sencillo que parezca, es recomendable realizar un calentamiento de los músculos. Por eso, antes de iniciar la gimnasia es preferible que camines o corras suavemente un poco, te dobles, subas y bajes los brazos varias veces o hagas estiramientos para empezar a ejercitar los músculos y entrar en calor.

Asegúrate de que estás bien relajada. Olvida por un momento los problemas cotidianos. Tener los dientes o los labios apretados, o la barbilla junto al cuello son signos inequívocos de que estás tensa.

Si hace tiempo que no realizas ningún tipo de deporte o ejercicio, tus huesos, ligamentos y músculos estarán contraídos. Debes en-

Ejercicios

Antes de lanzarte a agilizar tu cuerpo, ten en cuenta que para luchar de forma efectiva contra la celulitis debes mostrar una actitud positiva ante el ejercicio y tomártelo en serio. Tú eres tu propio instructor, por eso recuerda: concéntrate, sé positiva y no hagas trampas. Si sigues estas premisas tu cuerpo te lo agradecerá, por fuera y por dentro, y pronto notarás los resultados.

Bebida energética casera

Mezcla 100 g de kéfir con el zumo de varias zanahorias y bébetelo enseguida.

Beneficios

El ejercicio regular, además de proporcionar una agradable sensación de **bienestar**, estimula el riego sanguíneo, activa el metabolismo, potencia la movilidad del cuerpo, quema grasas, hace que las sustancias nutritivas lleguen mejor a las células y los tejidos, y reafirma la piel.

Aparte de mejorar la apariencia de tu cuerpo mediante la disminución de grasa, emplearás mejor el oxígeno, aumentará tu fuerza y potencia muscular, incrementará tu capacidad respiratoria y mejorará el riego sanguíneo y la calidad de tus huesos. Además, disminuirá tu nivel de estrés, podrás conciliar mejor el sueño y te verás más capaz de seguir una buena alimentación (probablemente te apetecerá comer más frutas y verduras y beberás más líquidos).

tonces empezar a acostumbrarlos al movimiento, realizando ejercicio de forma regular. No es conveniente que empieces con un sobreesfuerzo excesivo, pero tampoco has de parar a los dos minutos pensando que ya no puedes más. Debes esforzarte, pero con prudencia, sin pasarte ni quedarte corta.

Por otra parte, si deseas obtener buenos resultados de tu esfuerzo, coordinar la respiración y el movimiento es básico. Durante todo el tiempo que dure el ejercicio debes mantener relajados la cabeza y el cuello, y la barbilla separada de éste para que la respiración sea fluida.

Debes sentirte a gusto con la ropa que llevas para realizar los ejercicios. Elige prendas transpirables y prescinde de las que te queden excesivamente ajustadas, pues pueden obstaculizar el riego sanguíneo. Y, de calzado, elige unas zapatillas que se te ajusten perfectamente al pie.

Mientras practicas los ejercicios, no debes dejar que nadie te moleste. Olvídate de los ni-

ños, el teléfono o las llamadas de trabajo. No debes permitir interrupciones, ya que para que los movimientos resulten útiles y efectivos, su ritmo no debe alterarse. Busca la mejor hora para hacerlos y un sitio tranquilo de la casa en el que te encuentres cómoda.

Al finalizar cada sesión, es conveniente que realices algunos movimientos pausados y expulses el aire con fuerza. Esto evitará que interrumpas demasiado bruscamente el esfuerzo y que sientas, de repente, la falta de oxígeno. Haz como los atletas profesionales, que después de participar en una carrera siguen corriendo de forma suave durante un pequeño tramo: no te pares en seco. Puedes, por ejemplo, subir y bajar los brazos mientras caminas y respirar profundamente y, a continuación, tapar tu cuerpo para evitar coger frío, estirarte en el suelo, cerrar los ojos e intentar relajarte al máximo durante un rato.

Tu propio ritmo

Si quieres beneficiarte al máximo de la gimnasia debes tener en cuenta los siguientes puntos:

• No olvides el **calentamiento**. Vale la pena invertir algo de tiempo para que los resultados de tu esfuerzo sean mayores y no te hagas daño forzando los músculos.

• Sé **constante**. El éxito de la gimnasia depende principalmente de que la realices con periodicidad (lo ideal es hacerla diariamente).

• Empieza poco a poco hasta que encuentres **tu propio ritmo**, con el que te sientas más cómoda.

• Deja el ejercicio que estés haciendo en el instante en que sientas dolor muscular.

• Intenta que tu respiración y tus movimientos vayan acompasados.

• Termina cada sesión con unos momentos de **relajación**.

Cinco ejercicios para calentar (*stretching*)

Ejercicio 3

Coloca la rodilla derecha en el suelo y la otra pierna hacia delante. Apoya las manos en el muslo izquierdo y empuja las nalgas hacia detrás. Mantén la parte superior del cuerpo recta. Mantén la posición diez segundos. Haz lo mismo con la pierna izquierda.

Ejercicio 1

De pie dobla la rodilla derecha y sujétala con la mano del mismo lado. Acerca el talón a la nalga. Debes notar el estiramiento en la parte delantera del muslo derecho. Mantén la posición diez segundos. Haz lo mismo con la pierna izquierda.

Ejercicio 4

Da un paso al frente con la pierna derecha y dobla un poco la rodilla. Apoya bien el talón de la pierna izquierda. Apoya las dos manos sobre el muslo derecho y haz presión. Mantén la posición diez segundos. Haz lo mismo con la pierna izquierda.

Ejercicio 2

Estírate boca arriba. Flexiona y rodea el muslo derecho con las dos manos. Mantén la otra pierna doblada con el talón apoyado en el suelo. Empuja el muslo derecho hacia la barbilla. Mantén la posición diez segundos. Haz lo mismo con la pierna izquierda.

Ejercicio 5

De pie y con los pies separados, flexiona el tronco hacia la izquierda levantando la mano derecha. Mantén la posición diez segundos. Haz lo mismo con la pierna izquierda.

Barriga plana y firme. Cómo conseguirlo

¿Quieres conseguir un vientre plano y lucir ombligo este verano? Entonces tienes dos objetivos: quemar la grasa acumulada y endurecer los músculos del abdomen. O lo que es lo mismo: comer bien y hacer ejercicio. El sobrepeso, el paso de los años, la falta de ejercicio y los embarazos repetidos son los enemigos de la piel del abdomen. Afortunadamente la piel en este punto es muy rica en fibras elásticas y en colágeno, y se recupera con facilidad, sobre todo si sigues algunas recomendaciones:

Aliméntate bien

Si te sobran unos quilitos y la grasa se te acumula en la zona de la barriga, debes seguir una dieta hipocalórica; es decir, baja en grasas. Para tener un vientre liso, potencia el consumo de verduras, hortalizas y frutas, y evita los alimentos ricos en grasas y azúcares. Evita también los alimentos que favorecen la hinchazón y las flatulencias, como las verduras crudas, la col, la coliflor, las bebidas gaseosas...

Masajes para mejorar tu talla

Uno de los problemas más frecuentes de un vientre abultado es la acumulación de líquidos. Para paliarlo puedes probar con masajes drenantes.

ercicio aeróbico

ra bajar barriga hay que combinar el
rcicio aeróbico (correr, natación, bailar...),
e es lo que quema las grasas,
n las abdominales, que
ifican los músculos
la zona. Sin ambas
sas no hay
ultados.

Abdominales

No te olvides de respirar: coge aire
cuando bajes y échalo cuando subas o
aprietes. Si además aprietas los glúteos
y la tripa a la vez, la efectividad del ejercicio aumenta espectacularmente.

Ejercicio 1

Tumbada boca arriba cruza los brazos sobre el pecho y apoya las manos sobre los hombros. Dobla las rodillas formando un ángulo de 90º. Levanta la nuca, fija la vista en el techo y aguanta en esta posición unos segundos. Baja la cabeza lentamente sin desviar la vista. Haz dos series de ocho o diez repeticiones.

Ejercicio 3

Para hacer este ejercicio necesitarás una toalla. Túmbate boca arriba, con las manos toma la parte superior de la toalla y dobla las rodillas. Levanta la nuca y aguanta en esta posición unos segundos. Baja lentamente. Haz dos series de ocho o diez repeticiones.

Ejercicio 2

Túmbate boca arriba, junta las manos como si estuvieras rezando y dobla las rodillas. Levanta la cabeza y mantén la nuca recta a la vez que diriges las manos hacia el techo. Aguanta en esta posición unos segundos y baja lentamente. Haz dos series de ocho o diez repeticiones.

Ejercicio 4

Estirada boca arriba y con las manos detrás de la nuca dobla las rodillas hasta que éstas formen un ángulo de 90º. Estira las piernas hacia delante y haz ver que vas en bicicleta. Cuanto más estires las piernas, mayor será la tensión en la barriga. Haz dos series de ocho o diez repeticiones.

Ejercicio 5

Tumbada boca arriba y con las manos detrás de la nuca dobla las rodillas y apóyate en los talones. Fija la vista en un punto del techo y sube la nuca, manteniéndola recta. Aguanta un poco y baja lentamente. Los hombros apenas deben rozar el suelo. Vuelve a levantar la cabeza y así sucesivamente. Haz tres series de ocho o diez repeticiones.

Ejercicio 6

Estirada boca arriba y con los brazos estirados perpendicularmente dobla las rodillas acercándolas a la barbilla. Mantén la cabeza apoyada en el suelo. Cruza los pies y levanta un poco la espalda. Coloca las manos sobre el suelo y haz servir las piernas sólo como peso y no como motor del ejercicio. Haz tres series de ocho o diez repeticiones.

Ejercicio 7

Estírate boca arriba y apoya las manos sobre la barriga. Levanta unos cuantos centímetros los glúteos del suelo y levanta las piernas hacia arriba con las puntas de los pies dirigidas hacia el techo. Aguanta en esta posición tanto como puedas. Haz tres series de ocho o diez repeticiones.

Piernas bonitas. Muslos firmes

Para mantener las piernas firmes, esbeltas y sin celulitis son necesarios dos requisitos: conservar una dermis elástica y trabajar los músculos.

Unas piernas saludables requieren movimiento. La parte frontal de los muslos está siempre activa, pues los músculos situados en esta zona flexionan las rodillas, y cuesta menos mantenerlos firmes; pero para ejercitar la zona interna o abductores y mantener el tono muscular necesitas moverte y hacer ejercicio como: subir escaleras, caminar, correr...

Ojo con la ropa ceñida

Utiliza prendas amplias y de tejidos naturales que dejen transpirar la piel. La ropa muy ajustada al cuerpo dificulta la circulación y favorece la aparición de celulitis.

Si tu trabajo te obliga a permanecer mucho rato sentada, evita cruzar las piernas y levántate de vez en cuando para moverlas un poco.

La prueba del pellizco

Consiste en presionar con las dos manos la zona que creemos afectada. Si la piel presenta un aspecto granuloso («piel de naranja») o pequeñas ondulaciones significa que la celulitis ya ha hecho acto de presencia. Aunque todavía es leve y resulta difícil de detectar a simple vista, conviene empezar a cuidarse.

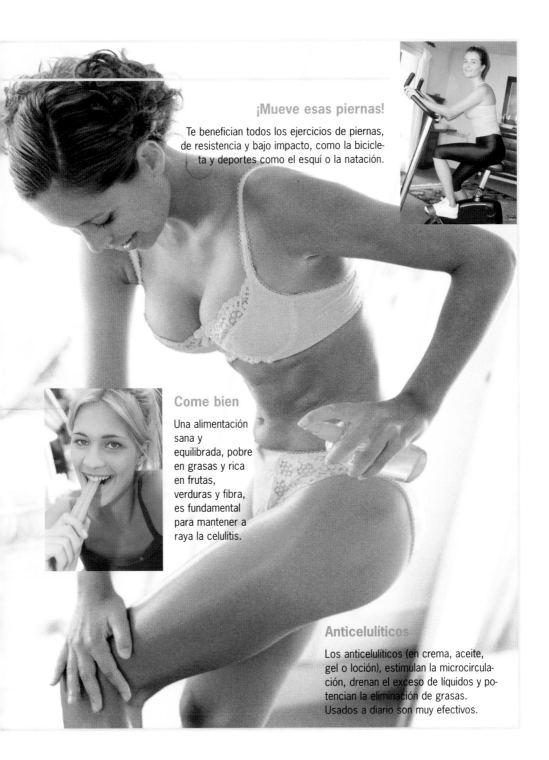

¡Mueve esas piernas!

Te benefician todos los ejercicios de piernas, de resistencia y bajo impacto, como la bicicleta y deportes como el esquí o la natación.

Come bien

Una alimentación sana y equilibrada, pobre en grasas y rica en frutas, verduras y fibra, es fundamental para mantener a raya la celulitis.

Anticelulíticos

Los anticelulíticos (en crema, aceite, gel o loción), estimulan la microcirculación, drenan el exceso de líquidos y potencian la eliminación de grasas. Usados a diario son muy efectivos.

Ejercicio 3 (sin imagen)

Para hacer este ejercicio necesitarás una pelota de goma o de plástico.

Estirada de lado, apoya la cabeza sobre el brazo derecho doblado mientras mantienes el otro sobre el cuerpo. Coloca la pierna superior encima de la pelota. Sube y baja lentamente la pierna inferior. Cambia de lado y repítelo con la otra pierna. Haz dos series de doce repeticiones.

Ejercicio 1

Estírate de lado y apoya el antebrazo sobre el suelo y el otro brazo sobre el cuerpo. Coloca una pierna encima de la otra y levántala y bájala lentamente. Cambia de lado y repítelo con la otra pierna.
Haz dos series de doce repeticiones.

Ejercicio 4

Para hacer este ejercicio necesitarás una silla dura.

Siéntate en la silla con las rodillas juntas. Apoya las plantas de los pies en el suelo. Cruza los brazos encima de los muslos. Mantén la espalda recta. Empuja las piernas hacia la presión de las manos. Manténte en esta posición unos treinta segundos. Reposa otros treinta segundos y vuelve a empezar. Repítelo diez veces.

Ejercicio 2

Estirada de lado apoya el antebrazo derecho sobre el suelo y el otro brazo sobre el cuerpo. Coloca la pierna superior encima de la otra doblada. Sube y baja lentamente la pierna inferior. Cambia de lado y repítelo con la otra pierna. Haz dos series de doce repeticiones.

Ejercicio 6

Colócate sobre el suelo a cuatro patas. Levanta la pierna derecha hacia atrás y mantenla en esta posición unos segundos. Bájala lentamente. Repítelo doce veces y cambia de pierna. Haz dos series de doce repeticiones.

Ejercicio 5

Para hacer este ejercicio necesitarás una silla dura.
De pie apóyate con las dos manos en el respaldo de la silla. Dobla la rodilla izquierda e inclínala todo lo que puedas hacia atrás, hasta que notes una fuerte presión en la parte superior del muslo. Manténte en esta posición unos segundos y vuelve a apoyar el pie en el suelo. Repítelo con la pierna contraria. Haz dos series de doce repeticiones.

Ejercicio 7

Túmbate en el suelo boca arriba y dobla las rodillas formando un ángulo de 90°. Apóyate sólo en los talones. Coloca los brazos al lado del cuerpo. Mantén la nuca relajada y levanta la pelvis del suelo. Aguanta en esta posición diez segundos y baja lentamente. Haz dos series de doce repeticiones cada una.

«Power walking»

La marcha o *Power walking* es el mejor deporte para quemar calorías y moldear las zonas problemáticas. No es tan cansado como correr y no daña el cuerpo como lo hace el *jogging*.

• Al caminar deprisa se activa la circulación y el metabolismo, con lo que se quema más grasa y se moldean los músculos de muslos, caderas y nalgas.

• Debes caminar durante 30 ó 45 minutos dos veces al día.

• La marcha se hace de la siguiente manera: se camina hacia delante con grandes pasos. Las rodillas deben permanecer ligeramente inclinadas. Siempre debe haber un pie en el suelo. Es importante mantener una posición correcta.

Glúteos firmes. Nalgas erguidas

Son los primeros músculos en perder tono y ceder a la fuerza de la gravedad. La falta de ejercicio y la vida sedentaria
son sus principales enemigos. Así que si no quieres
renunciar a un trasero turgente y firme es el momento de in-
troducir hábitos saludables en tu vida. Algunos sencillos ges-
tos como contraer los glúteos mientras caminas, subir escaleras o pasear pueden ayudarte a tonificar la zona.

Aliméntate bien

Alíate con la naturaleza y valora la fruta y la verdura
como tus mejores aliados contra la acumulación de
grasas y la celulitis.

Salud y autoestima

Un cuerpo sano y esbelto, fruto de una actitud mental
positiva, es una garantía de bienestar físico y una
valiosa fuente de autoestima, que se traduce en una
buena relación contigo misma y con quienes te rodean.

Bicicleta y ejercicio aeróbico

Es la combinación perfecta para perder grasas y modelar piernas y glúteos.

Siete ejercicios para presumir de **culo**

Ejercicio 1

Túmbate en el suelo boca arriba y dobla las ro-dillas formando un ángulo de 90º. Apóyate sólo en los talones. Coloca los brazos al lado del cuerpo. Mantén la nuca relajada y levanta la pelvis del suelo. Aguanta en esta posición diez segundos y baja lentamente. Haz dos series de doce repeticiones cada una.

Ejercicio 3

Tumbada en el suelo boca arriba dobla la rodilla derecha. Levanta la pelvis a la vez que estiras la pierna izquierda. Aguanta en esta posición unos segundos y haz lo mismo con la pierna contraria. Haz dos series de diez o doce repeticiones cada una.

Ejercicio 2

Apoya las dos rodillas y las palmas de ambas manos en el suelo con los brazos rectos. Estira una pierna y flexiónala llevando el talón hacia la espalda. Haz dos series de diez o doce repeticiones cada una.

Ejercicio 4

Estírate boca arriba y dobla la rodilla izquierda. Coloca los brazos a los lados y levanta la pelvis y la pierna derecha recta hacia el techo. Aguanta en esta posición unos segundos y haz lo mismo con la pierna contraria. Haz dos series de diez o doce repeticiones cada una.

Ejercicio 5

Apoya ambas manos en las caderas y da un paso al frente a la vez que llevas la rodilla contraria al suelo, sin llegar a tocarlo. Mantente en esta posición unos segundos y haz lo mismo con la pierna contraria. Haz dos series de diez o doce repeticiones cada una.

Ejercicio 6 (sin imagen)

Apóyate con las dos manos en los pasadores de una puerta abierta. Coloca cada pierna a un lado de la puerta y el cuerpo todo lo atrás que puedas. Baja lentamente los glúteos, como si quisieras sentarte en una silla. Levántate lentamente. Haz dos series de diez o doce repeticiones cada una.

Ejercicio 7 (sin imagen)

Para hacer este ejercicio necesitarás una cinta elástica.
De pie y con los pies atados alrededor de los tobillos, coloca las manos en la cintura. Estira la pierna derecha hacia atrás. Aguanta en esta posición unos segundos y haz lo mismo con la pierna izquierda.
Haz dos series de diez o doce repeticiones cada una.

Siete ejercicios para tu **silueta**

Ejercicio 1 (sin imagen)

De pie, con los brazos en cruz y el torso erguido, levanta lentamente hacia delante la pierna derecha todo lo que puedas y vuélvela a bajar igual de despacio. Repítelo varias veces y haz lo mismo con la pierna izquierda.

Ejercicio 3

De pie, con los brazos en cruz, los pies separados y las rodillas y pies girados hacia fuera, flexiona las rodillas cuanto puedas. Mantén los pies planos sin levantar los talones ni inclinarte hacia delante. Incorpórate despacio y vuelve a descender.

Ejercicio 4

De pie, con los brazos a lo largo del cuerpo, bascula la pierna derecha bien recta, con la punta del pie estirada, hacia adelante y hacia atrás, contrayendo el vientre y las nalgas. Repítelo con la pierna izquierda.

Ejercicio 2

En la misma posición, levanta la pierna derecha hacia atrás. Repítelo varias veces y haz lo mismo con la pierna izquierda.

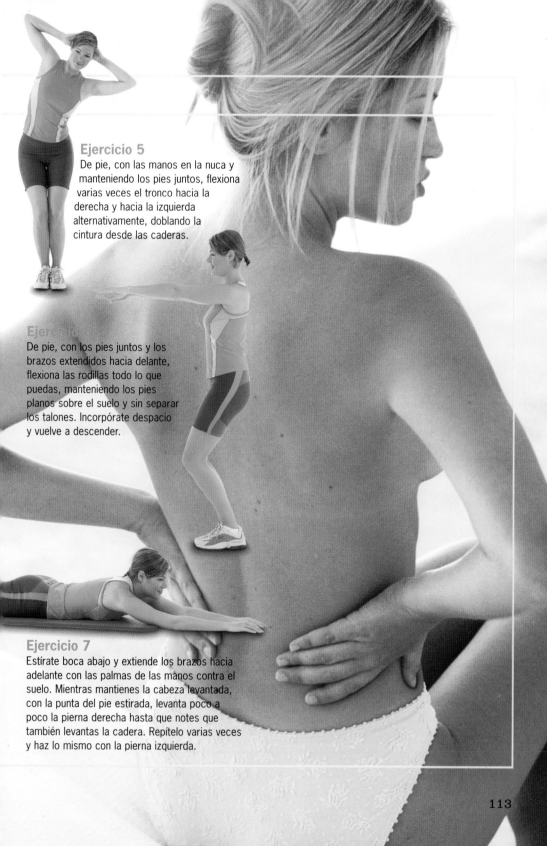

Ejercicio 5

De pie, con las manos en la nuca y manteniendo los pies juntos, flexiona varias veces el tronco hacia la derecha y hacia la izquierda alternativamente, doblando la cintura desde las caderas.

Ejercicio 6

De pie, con los pies juntos y los brazos extendidos hacia delante, flexiona las rodillas todo lo que puedas, manteniendo los pies planos sobre el suelo y sin separar los talones. Incorpórate despacio y vuelve a descender.

Ejercicio 7

Estírate boca abajo y extiende los brazos hacia adelante con las palmas de las manos contra el suelo. Mientras mantienes la cabeza levantada, con la punta del pie estirada, levanta poco a poco la pierna derecha hasta que notes que también levantas la cadera. Repítelo varias veces y haz lo mismo con la pierna izquierda.

Ejercicios para **glúteos, piernas y espald**

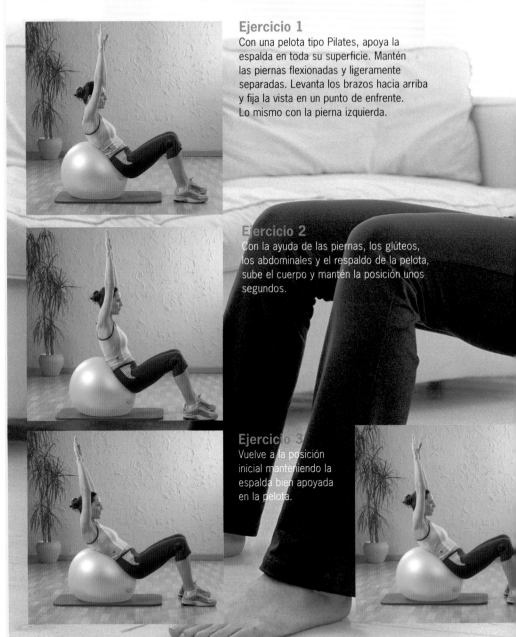

Ejercicio 1
Con una pelota tipo Pilates, apoya la espalda en toda su superficie. Mantén las piernas flexionadas y ligeramente separadas. Levanta los brazos hacia arriba y fija la vista en un punto de enfrente. Lo mismo con la pierna izquierda.

Ejercicio 2
Con la ayuda de las piernas, los glúteos, los abdominales y el respaldo de la pelota, sube el cuerpo y mantén la posición unos segundos.

Ejercicio 3
Vuelve a la posición inicial manteniendo la espalda bien apoyada en la pelota.

Ejercicio 4

Descansa un minuto,
y después baja
ligeramente el cuerpo
con la ayuda de
los glúteos, los
abdominales, la
espalda y la pelota.
Aguanta unos
segundos.

Ejercicio 5

Vuelve a la posición inicial
y descansa un minuto.
Repítelo todo unas ocho o
diez veces. Ten cuidado
en mantener una posición
adecuada y cómoda.

Tratamientos naturales

Luchar contra la celulitis puede ser un placer si aprovechamos los recursos de la naturaleza. ¿Quién se resistiría a un masaje o a un baño con aceites esenciales si, además, nos ayudan a alcanzar nuestro objetivo?

Muchas veces seguir una dieta sana y equilibrada junto con la práctica de ejercicio regular no es suficiente para combatir la «piel de naranja». Te presentamos algunos de los tratamientos naturales que pueden ayudarte a conseguir tu objetivo.

Complementos alimenticios

Son productos orientados a completar la dieta y que contienen vitaminas, minerales o aminoácidos. La mejor manera de tomarlos es siguiendo las instrucciones de un especialista.

Cuando el problema es el sobrepeso
• Ácido Linoléico Conjugado (CLA)

Es un ácido graso que se encuentra principalmente en las carnes y productos lácteos y en menor cantidad en productos vegetales. Normalmente el CLA de los complementos alimenticios proviene de productos de origen vegetal como los aceites de girasol y de cártamo. Actúa disminuyendo la grasa corporal y aumentando la masa muscular; este aumento de masa muscular será más destacado si se realiza ejercicio físico de manera regular. Su acción es más efectiva cuando se combina con una dieta equilibrada y ejercico físico.

Recomendaciones a la hora de comprar un suplemento de aminoácidos

A la hora de tomar un suplemento de aminoácidos esenciales es importante informarse de su calidad y efectividad.

• Debe aportar un **alto valor nutritivo**.

• No tiene que generar apenas residuos nitrogenados (éstos sobrecargan el hígado y el riñon). Este punto es importantísimo. Exisiten en el mercado muchos suplementos de aminoácidos que originan muchos residuos, sobrecargando los órganos.

• La totalidad de sus constituyentes debe optimizar la síntesis protéica corporal contribuyendo al mantenimiento de la masa muscular.

• Es importante que se consiga una **rápida absorción** para favorecer su disponibilidad por parte del organismo.

(*) La ventaja de tomar un suplemento de proteína alimentaria en el tratamiento de pérdida de peso es que se evita la disminución del metabolismo basal, evitando recuperar el peso perdido.

Muchos remedios naturales ayudan a acabar con la celulitis.

● **Aminoácidos esenciales**

Junto con una dieta hipocalórica la toma de suplementos de aminoácidos esenciales se consigue maximizar la pérdida de peso. Además se mejora la masa muscular y ayuda a reafirmar los tejidos. También contribuye a evitar la sensación de hambre y evita el efecto yo-yo de algunas dietas.

● **Fucus *(Fucus vesiculosus)***

Esta alga es conocida también con el nombre de «encina de mar». Contiene muchas vitaminas y minerales, sobre todo yodo. Estimula la función tiroidea (no se debe tomar en caso de hipertiroidismo). Este suplemento está indicado en caso de sobrepeso y obesidad, y además favorece la eliminación de la celulitis. También posee un ligero efecto laxante y diurético.

● **Glucomanano *(Amporphophallus konjak)***

Es una fibra vegetal no asimilable por el organismo. Tiene propiedades de absorber gran cantidad de agua, produciendo una sensación de saciedad y contribuyendo a la disminución del apetito. También disminuye la asimilación por parte del organismo de azúcares, colesterol y ácidos biliares. Regula la función intestinal.

● **Garcinia *(Garcinia cambogia)***

Presenta ácido hidroxicítrico, el cual actúa reduciendo la síntesis de grasas y aumentando la termogénesis (combustión del tejido graso corporal). También incrementa el almacenamiento de glucógeno en el hígado, lo que ayuda a reducir la sensación de hambre que emite el cerebro.

Cuando hay retención de líquidos

La retención de líquidos puede ser debida a muchos factores. Las causas principales son:

• Dieta insuficiente en proteínas: una dieta adecuada ayuda a mantener un correcto nivel de líquidos en el organismo.
• Deficiencia de vitaminas y minerales
• Deficiente aporte de agua

• **Aminoácidos esenciales**

Cuando se sigue una dieta hiperprotéica normalmente se consigue eliminar la retención de líquidos. La ventaja de tomar un suplemento de proteína sin catabolitos nitrogenados es que no aporta calorías, ni grasas y evita la acumulación de fluídos en los tejidos.

Plantas diuréticas

También se puede recurrir a infusiones de plantas con acción diurética:

Cola de caballo
(Equisetum arvense L.)

Posee un alto contenido en minerales, sobre todo en silicio. No sólo se utiliza por su acción diurética, sino por su acción remineralizante. También se recomienda en caso de fragilidad capilar.

Ortosifón
(Orthosiphon stamineus Bent.)

Tiene efecto diurético por su contenido en sales potásicas. También se le conoce con el nombre de «té de Java».

Estigmas de maíz
(Zeas mays L.)

La barbas de las mazorcas de maíz son ricas en potasio y flavonoides. Poseen propiedades diuréticas y depurativas.

El agua es un aliado natural de nuestra salud y belleza.

• Vitamina C

Un déficit de esta vitamina provoca fragilidad capilar, favoreciendo el estancamiento de productos de desecho y también la retención de líquidos en los tejidos. La suplementación de esta vitamina aumenta su eficacia con la presencia de flavonoides. Actúan como antioxidantes y tienen la capacidad de fortalecer los vasos sanguíneos. Si se toma un suplemento de vitamina C es importante asegurarse de que sea de acción retardada para favorecer su completa absorción.

• Ácidos grasos esenciales

Éstos son precursores de prostaglandinas, sustancias semejantes a las hormonas y que cumplen una funcion muy importante en la regulación de líquidos del organismo. Las prostaglandinas forman parte de las membranas de las células y determinan su permeabilidad. Encontramos los Omega 6 (formados por el ácido linoleico y el gamma linoleico o GLA) y los Omega 3 (formados por el ácido eicosapentaenoico o EPA). Si se toman suplementos de estos ácidos grasos es importante mantener un equilibrio alimentario entre ambos.

• Bromelaína

Es una enzima proteolítica presente de forma natural en la piña. Favorece la diuresis y también ayuda a liberar más fácilmente el exceso de grasa. Posee propiedades ligeramentes laxantes.

También pueden favorecer la eliminación de líquido de los tejidos, una suplementación de vitamina B_6 y de magnesio.

Flores de Bach

Son esencias florales que aportan energía vibracional de alta frecuencia que actúan tanto a nivel físico como a nivel espiritual para procurar la armonía del ser. Es fundamental recurrir a un especialista en flores de Bach para que te haga un tratamiento personalizado.

Normalmente, en un frasco de color ámbar (para protejerlo de la luz) se añade agua junto a las esencias adecuadas (no es conveniente poner más de siete). Para que esta preparación se conserve adecuadamente, muchos profesionales añaden un dedo de coñac (aporximadamente un 20 % de la capacidad del frasco). Una alternativa al coñac es el vinagre de manzana.

Normalmente se toman cuatro gotas, cuatro veces al día, aunque en estados graves puede aumentarse la dosis.

Las flores de Bach pueden aplicarse también de forma local, como cremas o aceites, para tratar distintas afecciones cutáneas, como alergias (Beech, Willow), infecciones (Crab Apple), traumatismos (Star of Bethlehem), dolor (Elm, Cherry Plum, Impatiens…), etc.

Flores de Bach contra la celulitis

Las Flores de Bach más adecuadas para tratar el sobrepeso y la celulitis son:

• **Cherry Plum.** Cuando exisite un descontrol con las comidas (compulsividad).

• **Centaury.** Cuando el deseo de comer es más fuerte que la voluntad.

• **Walnut.** Contribuye a reforzar el cambio que supone ponerse a dieta.

• **Agrimony.** Ayuda a destapar la «máscara» y ver cuál es la situación que nos lleva a cierto comportamiento. Muy útil cuando se tiene ansiedad de comer y tortura mental.

• **Impatiens.** Cuando se quieren ver resultados inmediatos Ayuda a tener más paciencia.

• **Larch.** Ayuda a ganar confianza, fundamental para alcanzar tu objetivo.

Se puede obtener una crema anticelulítica muy eficaz empleando Flores de Bach:

• **Chicory.** Idónea en caso de retención de líquidos y celulitis.

• **Crab Apple.** Ayuda a eliminar toxinas y líquidos

• El **agente vehicular** para estas cremas debe ser a base de aceite vegetal de almendras dulces o de yoyoba.

Muchas esencias
florales pueden
incorporarse en
el tratamiento
de trastornos
relacionados
con la celulitis.

Homeopatía

El principio de la homeopatía consiste ni más ni menos en curar con dosis muy pequeñas de sustancias curativas naturales que, si se suministrasen en cantidades mayores producirían esa misma enfermedad que se está tratando. El objetivo, por tanto, no es aportar sustancias curativas, sino provocar la interacción de la sustancia de origen con el sistema inmunitario del organismo. El fundamento de la homeopatía es la regla de las similitudes. Por ejemplo, el café a grandes dosis no tiene efectos estimulantes, en cambio, a dosis homeopáticas (Coffea) puede ser útil en el tratamiento de algunos tipos de insomnio.

Las sustancias que componen los preparados homeopáticos se extraen de las raíces, hojas, flores o cortezas de las plantas, pero también de los minerales y de algunos componentes animales. Por otra parte, cada vez son más los médicos que se interesan por la homeopatía como complemento de sus tratamientos convencionales. Su gran ventaja frente a los medicamentos tradicionales es que, al

Remedios homeopáticos

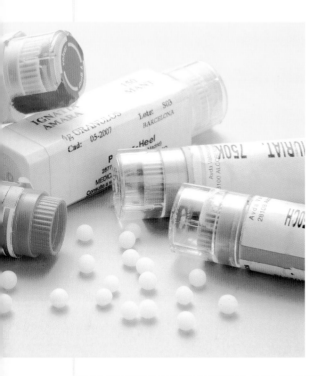

• Anacardium Orientale 15 o 30CH

Posee acción patogénica sobre el estómago y sus principales indicaciones terapéuticas en este campo son la dispepsia nerviosa y la úlcera gástrica. Está comprobado que el Anacardium Orientale da muy buenos resultados en la regularización del apetito de aquellas personas que comen mucho (a veces, incluso, compulsivamente y en contra de su voluntad) para aliviar una intensa sensación de vacío en el estómago.

• Antimonium Crudum 5 o 7CH

Quienes responden a este tratamiento presentan ciertos signos característicos, como la lengua cubierta por una saburra blanquecina y espesa que empeora después de los excesos alimentarios o tras comer platos muy condimentados. Utilizaremos el Antimonium Crudum ante cualquier dispepsia (alteración de la digestión), después de una comida copiosa y en casos de pesadez gástrica.

no contener sustancias químicas, los efectos secundarios son prácticamente inexistentes.

Si quieres recibir tratamiento homeopático contra la celulitis debes consultar con un homeópata, que te asesorará sobre el preparado más adecuado y decidirá la dosis más conveniente. Ten en cuenta que cada persona necesita su sustancia concreta y que, aunque se trate de una misma afección, lo que otra persona toma no tiene por qué funcionar en tu caso.

• Calcarea Carbónica 15 o 30CH

Normalmente, quienes responden a este tratamiento homeopático son personas gruesas con un abdomen voluminoso. En general, tienden a padecer trastornos nutricionales variados, como obesidad o diabetes, que agravan con un deseo compulsivo de comer alimentos dulces.

• Nux Vomica 7 o 9CH

Tratamiento ideal para aquellas mujeres que, después de las comidas, presentan somnolencia y a las que además no les sienta nada bien el café, el alcohol, el tabaco u otros estimulantes, a pesar de que los consumen habitualmente.

• Natrum Sulfuricum 7 o 9CH

Se trata de mujeres de constitución fuerte, propensas a acumular grasa y a desarrollar celulitis sobre todo a nivel del abdomen y las nalgas. Acostumbran a ser personas lentas de reflejos, apáticas, que se deprimen fácilmente y que sufren constantes ataques de mal humor, especialmente por las mañanas, nada más levantarse.

Sales de Schüssler

Los principios de esta terapéutica biológica o bioquímica consiste en el tratamiento de enfermedades mediante doce sales que están presentes de modo natural en nuestro organismo. El Dr. Wilhelm Schüssler, conocedor de la medicina homeopática, fue quien desarrolló este método natural, al descubrir que en los diferentes tejidos y órganos predominan distintas sales minerales.

Este método no está basado en el principio de la similitud como en el caso de la homeopatía, sino que se basa en los procesos químico-fisiológicos que se desarrollan en el cuerpo humano.

Las sales ayudan a estimular los procesos curativos, a regenerar el organismo y a estabilizarlo.

Ayuda para perder peso y celulitis

• **Natrum Sulfuricum D6.** Ayuda a depurar el organismo y eliminar el exceso de líquidos. Estimula el páncreas, el hígado, los riñones y la producción de bilis, facilitando la eliminación de secreciones digestivas. Se puede aplicar en forma de pomada sobre las piernas para aliviar la hinchazón. Está indicado en pacientes que tienen sensación de frío permanentemente.

• **Natrum Phosphoricum D6.** Posee un ligero efecto depurativo al controlar la acidez del organismo. Resulta adecuado para contrarrestar los efectos de las comidas ricas en grasas y los trastornos digestivos.

• **Kalium Phosphoricum D6.** Desempeña un importante papel en el metabolismo de las proteínas y en los procesos de desintoxicación. Es el remedio básico en los casos de sobrecarga hepática debida a un exceso de toxinas. También está indicado en casos de agotamiento, sensación de ansiedad, pérdida de memoria y debilidad muscular.

Terapias manuales

Las terapias manuales, en medicina naturista, abarcan mucho más que la visión puramente física. Pone énfasis en el concepto energético del ser humano y en la relación que se establece entre terapeuta y paciente.

La finalidad de una terapia manual es la descontracturación y la relajación para conseguir las normalización de las funciones orgánicas que están alteradas. Algunos de los tratamientos fisioterapéuticos naturistas son los que se citan a continuación:

Digitopuntura

Este método de curación chino cuenta con más de 6000 años de antigüedad y se basa en presionar con los dedos distintos puntos del cuerpo para que influyan en determinados órganos que les están asociados. Mediante la estimulación de ciertas zonas se puede sanar y fortalecer el organismo.

Toda sesión de digitopuntura conviene hacerla en un entorno tranquilo y agradable. Para tratar la celulitis se aplica la digitopuntura en las zonas asociadas al estreñimiento y

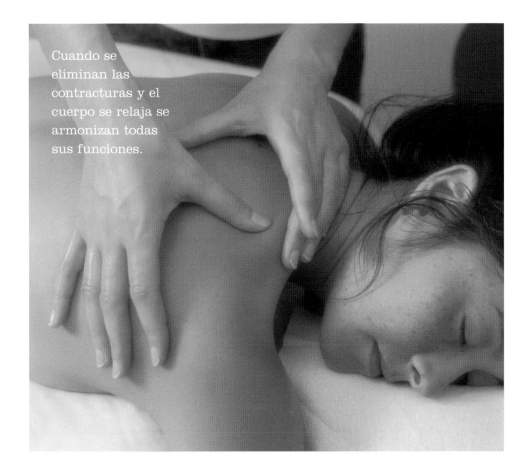

Cuando se eliminan las contracturas y el cuerpo se relaja se armonizan todas sus funciones.

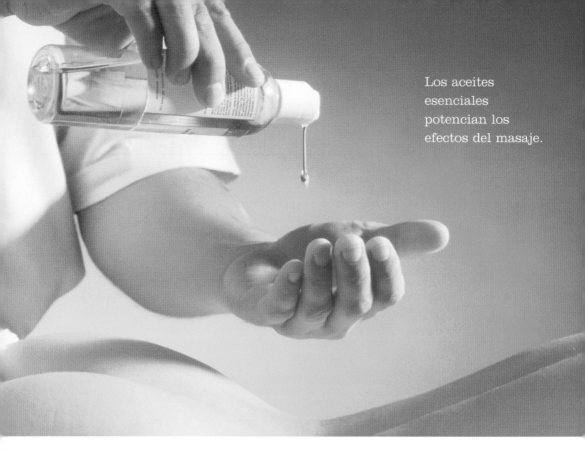

Los aceites esenciales potencian los efectos del masaje.

al sobrepeso, y actúa sobre el metabolismo del agua y de las grasas, en su distribución y su acumulación.

Las extremidades asociadas al estreñimiento son las manos, los brazos y las piernas. Los puntos asociados al sobrepeso se encuentran en las manos y en la parte superior del ombligo. Es importante que la presión en estas zonas la realice una persona especializada, pues cualquier error puede producir nuevos trastornos.

Drenaje linfático

Consiste en presionar ligeramente el recorrido de las vías linfáticas, desde el cuello hasta los pies y viceversa, con suaves movimientos circulares. Al activar el flujo de la linfa, el aspecto de la piel mejora. Una sesión de este masaje puede durar entre 45 y 60 minutos. Puedes hacerlo tú misma, después de la ducha, dándote un suave masaje al aplicarte la crema hidratante con movimientos circulares en pies, piernas, glúteos, brazos y caderas.

Sus efectos más inmediatos son una menor sensación de pesadez en las piernas y de acumulación de agua en el tejido linfático y, por tanto, de células grasas.

Las anomalías del fluido linfático pueden remediarse con este tipo de masaje que, además, relaja y reconforta; sin embargo, sus posibilidades en cuanto a la reducción de la celulitis son bastante limitadas.

podría originarte serios dolores locales, así que toma precauciones.

Un masaje demasiado violento, además, puede causar dolor y producir hematomas. Por eso, olvídate de la idea de que cualquiera puede darte un masaje y ponte en manos de un profesional que te ofrezca todas las garantías.

Por otra parte, debes tener presente que, aunque el masaje sea uno de los métodos naturales para ayudarte a controlar tu celulitis, para que aprecies los resultados deberás aplicártelo con regularidad (lo ideal es una o dos veces por semana). Una vez más, la perseverancia resulta indispensable para olvidarte para siempre de la celulitis.

Reflexología podal

En los pies, así como también en las manos, se encuentran localizados una serie de «puntos reflejos» que se corresponden a cada órgano y parte del cuerpo. La reflexología podal es, pues, el masaje reflejo que se realiza en las plantas de los pies. Se trabaja la zona que se encuentra congestionada para tratar los distintos bloqueos del organismo.

Quiromasaje

Además de favorecer el metabolismo de la piel y la circulación de la sangre, el quiromasaje estimula el transporte de las impurezas y las toxinas de la piel y del tejido conjuntivo hacia el exterior. Por tanto, someterse con regularidad a un quiromasaje te ayudará eficazmente a eliminar los desórdenes y las molestias causados por la celulitis.

Pero, cuidado, lo primero que has de tener en cuenta es que no vale cualquier tipo de masaje. Si no es realizado correctamente, además de no servir para nada, puede tener efectos secundarios de importancia, como el insomnio o el nerviosismo, e incluso

Apunte

Los masajes deberían realizarse aplicando aceites esenciales, que potencian los efectos de la terapia manual al facilitar los movimientos sobre la piel, e incorporan los beneficios de la aromaterapia.

Aromaterapia

Se trata de una técnica milenaria que se basa en el uso de sustancias olorosas extraídas de plantas frescas. Se define como una terapia holísitica, debido a que engloba el cuerpo, la mente y las emociones.

Se utilizan aceites esenciales puros, unas sutancias volátiles extraídas de diversas partes de las plantas o bien de sus frutos. Se obtienen al destilar la esencia de la planta, que es la sustancia aromática natural que segrega las plantas en sus órganos productores.

Aceites esenciales y celulitis

En el baño
Añadir 10 gotas de aceite esencial de cedro (estimulante, circulatorio y lipolítico) y 3 gotas de aceite esencial de ciprés (aconsejado en el caso de piernas pesadas). El baño estimula el metabolismo y el flujo linfático, elimina impurezas y proporciona humedad a la piel.

Para realizar masajes
Los aceites esenciales NUNCA deben aplicarse directamente sobre la piel. Siempre es necesario mezclarlos con un aceite vegetal (de almendras dulces, yoyoba…) o bien con cremas corporales. No se deben mezclar con agua, puesto que no son hidrosolubles.

Masaje con aceites vegetales
Añadir a 50 ml de aceite de almendras dulces: 10 gotas de aceite esencial de cedro, 10 gotas de aceite esencial de eucaliptus citriodora (con propiedades antiinflamatorias, sedante y drenador) y 5 gotas de aceite esencial de palisandro (regenerador cutáneo, elimina la retención de líquidos y es un estimulante a nivel celular).

Masaje con leche hidratante corporal
Añadir a 50 ml de leche hidratante corporal 10 gotas de aceite esencial de salvia (drenador general y lipolítico), 10 gotas de aceite esencial de palisandro, 5 gotas de aceite esencial de cedro, y 5 gotas de aceite esencial de niaulí (estimulante tisular y descongestionante).

(*) Para apreciar resultados, se recomienda realizar un suave masaje circular en la zona afectada dos veces al día.

Estos aceites están compuestos por unos elementos orgánicos que aparecen combinados equilibradamente. Por este motivo, se le atribuye a un solo aceite tantas propiedades terapéuticas. Los aceites esenciales deben proceder siempre de cultivos biológicos controlados.

Otros consejos

• Las duchas frías son excelentes estimulantes de la piel y de los tejidos.
• También podemos perfumar nuestro hogar con aceites esenciales mediante un difusor, para continuar, de manera indirecta, con el cuidado de nuestro organismo. Por ejemplo, se puede colocar en el difusor aceite esencial de pomelo (depurante y drenante), aceite esencial de palisandro y aceite esencial de albahaca (propiedades anti-inflamatorias) en una proporción de 60 %, 30 % y 10 % respectivamente.

Precauciones

Antes de escoger un aceite esencial deberías tener en cuenta las siguientes precauciones:

• Huele varios aceites y quédate con el que te produzca más **sensaciones**. Seguro que el elegido será el tuyo.

• **No mezcles** más de tres esencias en un mismo preparado.

• No apliques nunca esencias puras sobre tu piel y, mucho menos, cerca de los ojos.

• Utiliza sólo la cantidad de esencia que se especifica en el prospecto. **Ni más ni menos**.

• Después de utilizarla, introduce la esencia en un frasco oscuro y guárdalo en un lugar **seco y fresco**. De esta manera no perderá sus propiedades.

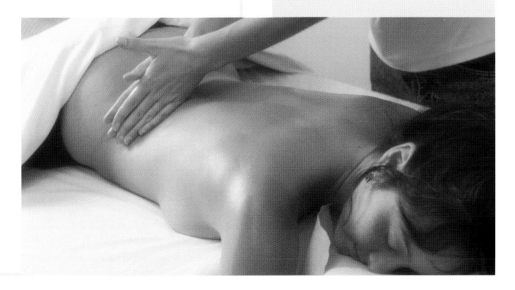

Productos anticelulíticos naturales

Los productos que se encuentran en el mercado para eliminar la «piel de naranja» están formulados mayoritariamente con extractos vegetales, sobre todo a base de algas, aceites vegetales y aceites esenciales.

Las principales sustancias que componen los productos anticelulíticos naturales son:

- **Algas:** debido a su elevado contenido en vitaminas y minerales purifican y revitalizan la piel, al mismo tiempo que la hidratan. Poseen un potente efecto reafirmante.

- **Aminoácidos:** mantienen un buen nivel de elasticidad e hidratación de la piel.

- **Aceites esenciales:** de pomelo, cedro, palisandro, salvia…

- **Extracto de café y de té:** reducen la acumulación de grasas y estimulan la termogénesis.

- **Aceites vegetales:** nutren y suavizan la piel (aceite vegetal de almendras dulces, de yoyoba y de aguacate principalmente).

- **Aguas florales o hidrolatos:** de lavanda (propiedades calamantes, purificantes y limpiadoras) o de hammamelis (tonifican y favorece la microcirculación).

- **Castaño de Indias:** planta que activa la microcirculación de la dermis, permitiendo el drenaje y la eliminación de líquidos.

- **Ginkgo biloba y ginseng:** plantas que activan el flujo linfático, la circulación y el metabolismo.

Cómo realizar un masaje

- Utiliza un **guante de crin**, un **cepillo** o un **rodillo**. Además de mejorar la circulación y suavizar la piel de la zona harán que las cremas, geles o aceites se absorban mejor.

- Es importante que al utilizar el cepillo o guante de crin no frotes con demasiada fuerza; podrías dañarte la piel.

- Hazlo siempre sobre la **piel limpia**.

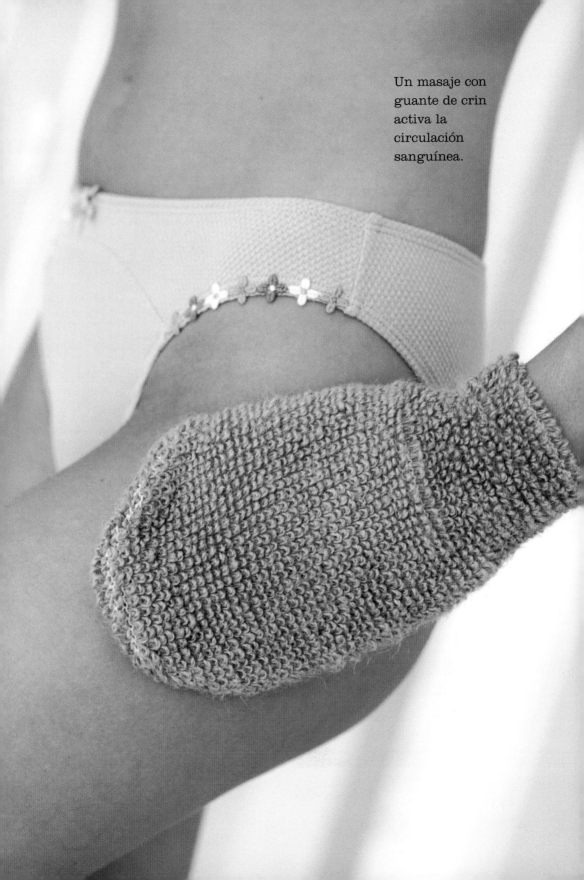

Un masaje con
guante de crin
activa la
circulación
sanguínea.

Presentación de los productos anticelulitis

Los productos anticelulíticos pueden presentarse en forma de:

• **Aceites.** Suavizan la piel. Son ideales para hacer masajes.

• **Cremas.** Son una alternativa a los aceites y se absorben más fácilmente que éstos.

• **Geles.** Son refrescantes y la piel los absorbe rápidamente.

• **Lociones.** Al estar más diluidas contienen menos grasa que las cremas. Se secan enseguida y no dejan residuos en la piel.

• **Hiedra:** estimula la circulación, lo que a su vez contribuye en gran medida a desintoxicar el organismo.

• **Aloe vera:** tiene propiedades hidratantes y suavizantes de la piel, así como efectos bactericidas, analgésicos, antiinflamatorios, antibacterianos y antivíricos. Puede usarse por vía oral, en baños, pomada, tinturas, inhalaciones...

• **Ceramidas:** limpian la piel y le proporcionan una suave tersura.

• **Principios activos como la vitamina C y E:** poseen un efecto antioxidante sobre los tejidos.

• **Hojas de baobab:** reducen los signos de flaccidez y proporcionan una agradable sensación de bienestar.

Los productos anticelulíticos funcionan siempre que se combinen con dieta y ejercicio.

Normalmente, si se hace con constancia y adecuadamente, la aplicación de productos anticeluíticos suele ofrecer resultados al cabo de unas dos semanas, sobre todo si se combina con una dieta equilibrada y ejercicio físico regular. Sin embargo, es inútil esperar milagros cuando la celulitis está muy asentada. Puede que mejoren nuestra silueta, pero, al igual que los tratamientos que no son naturales, son incapaces de atajar el problema de raíz.

No esperes que la celulitis desaparezca sólo con cremas anticeluíticas. Digamos que son una ayuda pero que, por sí solas, son incapaces de solucionar el problema de fondo.

Es importante que si decides usar uno de estos productos, lo emplees diariamente y lo apliques siempre que puedas después del baño o la ducha con un buen masaje. Puesto que éste activa la circulación sanguínea, tu piel tendrá en ese momento una mayor capacidad de absorción.

re firmeza a la piel. Para prepararlo, puedes hervir cuatro o cinco hojas de hiedra y, después de dejarlo reposar una media hora, colarlo y añadirlo al agua del baño.

Como sucede con la hiedra, los baños de algas también depuran el organismo, estimulan el metabolismo y aportan tersura a la piel, además de regular la circulación sanguínea. La preparación en este caso es la misma que para el baño de hiedra.

Especialmente recomendables son los baños que combinan algas y aceites esenciales, ya que en ellos se aúnan los beneficios de los elementos marinos y los terrestres. Si escoges esta opción, ten en cuenta que las esencias no deben mezclarse con las algas hasta el momento final del baño para evitar que su acción disminuya.

Baños de plantas medicinales

Con este método la piel absorbe las sustancias beneficiosas que nos ofrecen las plantas. Además, un buen baño con agua caliente relaja mucho y proporciona una agradable sensación de bienestar.

La temperatura del agua debe estar entre los 35 y los 40 °C, y debes tomarlo durante al menos un cuarto de hora. Al acabar, no olvides darte una ducha fría o tibia y relajarte todo lo que puedas para que te aporte todos sus beneficios.

Un baño de hiedra, por ejemplo, además de depurar estimula el metabolismo y confie-

Preparar el baño

La forma de prepararlos es echar en el agua de la bañera (manteniendo siempre la temperatura adecuada del agua) dos cucharadas pequeñas de la **solución de esencias**.

Después de estar unos diez minutos en la bañera, añade dos cucharadas soperas de **algas** y permanece unos veinte minutos más.

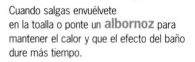

Cuando salgas envuélvete en la toalla o ponte un **albornoz** para mantener el calor y que el efecto del baño dure más tiempo.

Tras un baño
con plantas
medicinales,
aplícate una
buena crema
hidratante.

Tratamientos convencionales

Nos limitaremos a hacer un breve repaso de los principales tratamientos convencionales que se utilizan actualmente en los centros de estética.

Ten muy en cuenta, sin embargo, que antes de escoger cualquiera de los tratamientos que te ofrecemos a continuación, debes informarte con la mayor profundidad de cómo funciona cada uno de ellos, averiguar si son o no adecuados para ti, y asegurarte de antemano de que el centro al que acudes cuenta con personal profesional y experto en la materia.

En el caso de que optes por cualquiera de estos métodos (en el que no ha sido tu propio cuerpo el que ha obrado el cambio poco a poco), te recomendamos mantener los resultados del tratamiento con una alimentación adecuada y la práctica de ejercicio con regularidad. Eso evitará que la celulitis vuelva a instalarse.

Mesoterapia

Éste es uno de los tratamientos más antiguos y utilizados. Se aplican ciertas cantidades de pricipios activos, escogidos según el paciente, en las zonas a tratar mediante unas jeringas especiales. Las sustancias inyectadas, muchas de ellas de origen vegetal, estimulan la circulación, reducen la retención de líquidos e impulsan el metabolismo de las grasas.

Infiltraciones

Se introduce un producto específico con el objetivo de disolver la grasa acumulada en las zonas conflictivas. Puede infiltrarse con una jeringa convencional, pero normalmente se realiza con un sistema de múltiples agujas en una sola inyección, lo que permite que el producto se reparta mejor.

Láser

Consiste en la aplicación de un rayo láser sobre la piel, lo que supuestamente estimula los puntos afectados. Este tratamiento produce una sensación de calor y hormigueo. Es importante que durante la irradiación los ojos estén totalmente protegidos.

Presoterapia

Las piernas se colocan en unas botas gigantes de plástico conectadas a un aparato que genera oleadas de presión. Se estimula así el flujo linfático y se reduce la retención de líquidos en los tejidos.

Vendas calientes

Se envuelven las zonas afectadas con unos vendajes elásticos que se calientan a 40 °C.

El calor abre los
poros de la piel
y aumenta su
capacidad de
absorción.

Con ello se acelera considerablemente el metabolismo en el tejido adiposo, provocando la exudación del líquido portador de residuos y canalizándolo a través de las vías linfáticas para su eliminación. No se trata de perder peso, sino de reducir el perímetro de dichas zonas. Para someterse a este tratamiento, la paciente debe tolerar bien el calor.

Sudación

Se empieza con una sesión de sauna que aumenta la capacidad de absorción de la piel. Seguidamente se aplican extractos de hierbas y se colocan unos vendajes. Con esta envol-tura se vuelve a realizar una sesión de sauna para sudar más. El calor y las vendas presionan las células adiposas.

Automasaje y calor

Recientemente ha aparecido en el mercado un método que combina el automasaje con la aplicación de un gel que la piel absorbe durante la noche y el uso de una faja con tejido hipoalérgico que actúa como complemento para contribuir a disolver la grasa y conducir las toxinas hacia el sistema linfático. Según los prospectos publicitarios, es posible comprobar los resultados en el plazo de un mes.

Endormología

Este tratamiento utiliza un rodillo especial para tratar la piel mediante succión y masaje. Requiere una periodicidad mínima de diez sesiones.

Emplastes o cataplasmas con algas

Se forma un fango con las algas y se aplica en la zona afectada. Este tratamiento oxigena los tejidos, ayuda a eliminar tóxicos y moviliza los depósitos de grasa. A este fango también se le pueden añadir aceites esenciales para potenciar sus efectos. Después se cubre la zona a tratar con un film protector para provocar calor y favorecer la irrigación y la sudoración.

Cuidado con los productos «milagrosos»

El último recurso: la cirugía

Al margen de su mayor o menor efectividad, hay que tener claro que la liposucción, la aspiración de la grasa o el estiramiento de la piel, a pesar de su objetivo eminentemente estético, no dejan de ser **intervenciones quirúrgicas**.

Así que antes de decidirte por alguna de ellas debes tener claras sus posibilidades de éxito, sus límites y sus consecuencias.

Es muy importante comprobar previamente que te pones en manos de un cirujano **profesional** con la suficiente experiencia probada: consulta en el colegio de médicos.

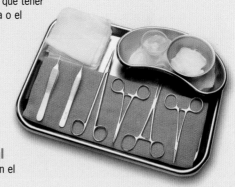

Para lograr tu objetivo confía en ti misma y aprovecha los recursos que te ofrece la naturaleza.

Conclusiones

Ha llegado el momento de reflexionar sobre los aspectos más importantes que hemos expuesto en este libro y extraer unas cuantas ideas claras que permanezcan en tu mente y te ayuden a mantenerte firme en la lucha contra la principal enemiga de la armonía de las formas femeninas: la celulitis.

Liberarse de la indeseable piel de naranja (especialmente si ésta ha alcanzado un estadio avanzado de desarrollo) no es cosa de cuatro días, pero tampoco es un reto imposible, así que es absurdo resignarte a ver cómo tu cuerpo cede al avance del tejido graso y se deforma progresivamente.

Como demostramos a lo largo de las páginas anteriores, dispones de medios eficaces para conseguir una figura esbelta y una piel tersa y firme. Ten en cuenta que los procedimientos naturales ofrecen mayores garantías de satisfacción para obtener los resultados deseados contra la celulitis a largo plazo, cuidando al mismo tiempo tu salud y bienestar.

Así pues, no debes perder nunca de vista el principio planteado a lo largo de este libro de que nuestra salud, el estado físico y mental de cada persona, obedece a un conjunto de factores complejos, que dependen unos de otros en una interrelación íntima y constante de la mente sobre el cuerpo y viceversa.

La mejor forma, por tanto, de solucionar de manera definitiva un problema tan enojoso como la celulitis es precisamente lograr un equilibrio entre la imagen que deseamos ofrecer de nosotras mismas y la que realmente poseemos. Y esto sólo podemos conseguirlo a través de una renovación profunda de nuestro pensamiento, reeducando nuestros mecanismos mentales, para corregir los malos hábitos que tanto nos perjudican a todos los niveles.

La recompensa merece la pena: un cuerpo más esbelto, una piel más bonita, unas formas más femeninas... en definitiva, una imagen más satisfactoria y, lo que es más importante, una mejor salud y equilibrio emocional.

A continuación te ofrecemos lo que podría ser un decálogo de consejos básicos contra la celulitis. Si los tienes en cuenta y los llevas a la práctica con regularidad y perseverancia, el éxito está asegurado.

Y recuerda: las transformaciones externas no son duraderas ni auténticas si no hay un cambio interior que las sustente. Un cuerpo sano y esbelto, fruto de una actitud mental positiva, es una garantía de bienestar físico y una fuente valiosa de autoestima que redunda en una mejor relación con las personas que nos rodean.

Si éste es tu objetivo, ¡felicidades!: alcanzarlo está en tus manos.

Decálogo para combatir la celulitis

• Decídete a **luchar** por lo que deseas. Mírate como una mujer capaz de ser tan atractiva como la que más.

• Piensa en **positivo**, refuerza tu autoestima y cree firmemente en tus posibilidades de adelgazar.

• Aliméntate de forma **sana**, aprendiendo a atender a las auténticas necesidades de tu cuerpo y no a los caprichos momentáneos, surgidos por la inercia de la mala costumbre y por una ansiedad compulsiva.

• **Analiza** el origen del problema: identifica las causas de tu sobre-alimentación o dieta inadecuada y esfuérzate por eliminarlas, evitando las falsas excusas y los autoengaños.

• **Planifica** la estrategia: plantéate objetivos claros y realistas a conseguir en un plazo de tiempo sensato, y controla las fases del proceso.

• Alíate con la naturaleza y valora la **fruta** y la **verdura** como tus mejores armas contra el exceso de grasa.

• Desconfía de los regímenes y productos que prometen una solución instantánea: los milagros no existen.

• No lleves una vida sedentaria. **Muévete**. Tu cuerpo es una máquina demasiado perfecta para permitir que se atrofie con la inactividad. Ejercita tus músculos y persevera en el ejercicio; no sólo adelgazarás, sino que tus movimientos serán más ágiles y elegantes.

• Acude a los masajes, tisanas, baños, cremas anticelulíticas y otros remedios como **complementos** de la alimentación sana y el ejercicio, y no como la solución que permite prescindir de éstos.

• Extiende el régimen de **vida sana** a todos los aspectos de tu vida. Controla el estrés, busca la paz interior y evita el tabaco, el café y el alcohol, y cámbialos por zumos, infusiones o agua en abundancia.

Cosmética natural para combatir la celuli

Aceites y celulitis

Recomendamos especialmente, los cosméticos del **Dr. Hauschka**, elaborados con valiosos aceites y esencias de plantas de cultivo biológico, pues favorecen la regeneración de la piel y están libres de conservantes, colorantes y aromas sintéticos.

Efecto tensor:

El aceite corporal de flores de endrina, abedul e hipérico del Dr. Hauschka realiza un efecto tensor y la piel recobra su elasticidad. En el embarazo previene la formación de estrías. Aplicar tras el baño o la ducha con la piel aún húmeda. Proporciona a la piel un aspecto radiante y vital.

Combate la flacidez:

Los aceites corporales de limón del Dr. Hauschka (Citronen Körperöl y Citronen Bad) son excelentes para el tratamiento de la celulitis. La agradable fragancia de los limones transmiten bienestar, refrescan y tonifican la piel, y activan todo el organismo. Su efecto reafirmante previene la celulitis y reafirma los tejido flácidos.

Barriga, piernas y nalgas:

De **Primavera** Body Line, destacamos el aceite corporal con enebro y algas marinas, ideal para tratar el vientre, las piernas y los glúteos. Da firmeza a los contornos del cuerpo, anima y refuerza el tejido conjuntivo. Con el aroma estimulante del romero, enebro y otros aceites esenciales, 100 % naturales, aporta frescura y elasticidad. Para que el aceite penetre mejor en la piel, podemos aplicarlo después de realizar un peeling suave. De la misma línea, recomendamos el peeling para ducha con enebro, cuya mezcla de suaves agentes tensoactivos, aceites esenciales, extracto de hammamelis, cola de caballo y algas marinas, refuerza el tejido conjuntivo, afina el aspecto de la piel y la prepara para aplicar el aceite.

Arcilla

La arcilla se usa desde la antigüedad por su capacidad de absorción de toxinas y de regeneración de la piel. La **arcilla verde** de **Mon Deconatur** resulta ideal para aplicar en todo el cuerpo, especialmente en las zonas conflictivas donde se acumulan toxinas y celulitis.

EXFOLIACIÓN CORPORAL

Exfoliar la piel del cuerpo, una vez por semana, ayuda a mantener la piel más fina y luminosa. Al eliminar las células muertas, la piel recobra su luminosidad natural, respira mejor y adquiere un aspecto satinado muy atractivo. La exfoliación también es un paso previo para cualquier tratamiento, pues al retirar las células muertas, las cremas se absorben mejor y no dejan restos de grasa sobre la piel.

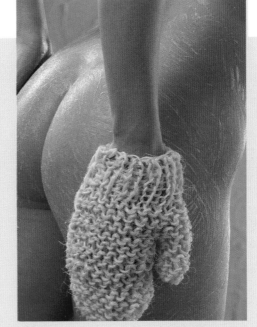

Lo mejor es exfoliar la piel en la ducha con agua tibia. Una vez humedecido el cuerpo, extiende el producto con movimientos circulares ascendentes masajeando suavemente la piel. Aplica el producto desde los pies hasta el cuello. Cuando acabes, enjabónate bien con tu gel habitual (preferiblemente uno suave, con un pH neutro) y aclara.

No olvides terminar con un chorro de agua fría: el resultado merece la pena, ya que activarás la circulación y te sentirás muy ligera.

Recomendamos exfoliante corporal de manteca de cacao, de **The Body Shop.** Para exfoliar en profundidad. También contiene arroz molido y huesos de almendras molidas.

Para exfoliar la piel suavemente a diario, puedes utilizar un **guante de crin** para efectuar masajes circulares en la zona afectada de celulitis. Ayuda a activar la circulación y favorece la penetración de los productos anticelulíticos en la piel.

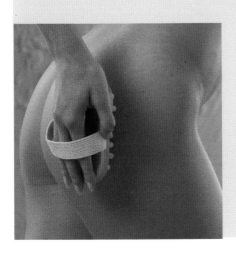

También resulta muy útil masajear el cuerpo con un **cepillo de nudos de madera.** Mejora la circulación y ayuda a disminuir la celulitis de las partes más problemáticas, como las cartucheras y el estómago.

Afinan, reafirman y ayudan a combatir la celulitis. Para sacarles el máximo partido, la piel debe estar perfectamente exfoliada y deben aplicarse realizando un suave masaje según la zona del cuerpo donde la celulitis esté localizada.

Barriga

Con las palmas extendidas comienza a aplicar la crema en la parte inferior del abdomen hasta llegar al busto, sin olvidar las zonas laterales y la cintura. Los movimientos deben ser ascendentes y las manos deben ir alternándose en el movimiento.

Piernas

El producto se aplica desde el tobillo hasta el muslo y en dirección al corazón. Es importante ejercer la presión en los movimientos ascendentes para no destensar el tejido y extender con suavidad al descender, ya que se favorece un ligero drenaje linfático que ayuda a eliminar líquidos.

Nalgas

Comienza aplicando el producto en la parte inferior de los glúteos y extiende hacia arriba con movimientos ascendentes, aplicando una ligera presión. No olvides la zona del costado, donde se localizan los «flotadores».

146

Destacamos los siguientes productos

Elancyl: Concentrado **lipo-reductor.** Gracias a la sinergia de sus componentes (cafeína, extracto patentado de ramas jóvenes de manzana...) después de 14 días de aplicación diaria, la piel está más lisa y firme.

De **Anne Marie Borlind Bodyvital,** recomendamos su **gel anticelulítico:** Actúa con éxito en las zonas problemáticas como el abdomen, las caderas, los glúteos y los muslos.

Atenúa y previene eficazmente la formación de la piel de naranja. Contiene extracto de algas marinas. Para aumentar su efecto, recomendamos realizar una exfoliación previa con su **crema exfoliante** Bodyvital. Alisa y cuida la piel con suavidad. Excelente combinación de aceites vegetales naturales y extracto de algas marinas. Contiene bolitas de cera de yoyoba, obteniendo un peeling suave y altamente eficaz. La **crema reafirmante** Bodyvital también es ideal para reafirma y regenerar la piel. Contiene extractos de algas marinas.

Con ingredientes procedentes de la agricultura biológica, **Sanoflore** nos propone dos excelentes productos para combatir la piel de naranja y afinar la piel:

Sanoflore crema silueta: Mejora el aspecto de la silueta, y atenúa y previene la piel de naranja. Reafirma y tonifica la piel. Contiene aminoácidos, extractos de café, té y castaño de indias, y aceites esenciales de pomelo y cedro. Para potenciar su efecto, se puede aplicar después de la **crema exfoliante** corporal Sanoflore, que afina y suaviza la piel.

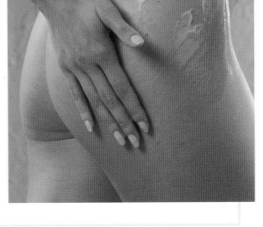

Total Lift Minceur para celulitis rebeldes de **Clarins,** drena, reafirma y reduce. Es el último tratamiento corporal de esta marca con gran experiencia en productos moldeadores de la silueta. Actúa directamente contra el acolchado de la piel y la celulitis rebelde, evitando la acumulación de grasas y favoreciendo el drenaje.

OTROS TÍTULOS PUBLICADOS

SALUD, BELLEZA Y BIENESTAR

Disfruta cuidándote con los nuevos libros que ayudan a renovar tu vida

SALUD Y BELLEZA DE LOS SENOS
Jordina Casademund
184 págs.
ISBN: 84-7556-246-9